BEBE
HAND
MADE
조인숙

작고 어여쁜 아가야
엄마의 아가로 태어나줘서 정말 고마워.

contents

Yellow Agenda

White Agenda

Red Agenda

Blue Agenda

Pink Agenda

Green Agenda

Black Agenda

Party Agenda

mon bebe

prologue

밤마다 원단을 마름질하고 손으로 이름을 수놓고 곱게 다림질해서 아이의 옷과 소품을 만드는 것은 결코 시간이 많아서, 할 일이 없어서 하는 게 아닙니다. 아이 옷이야 시중에 나가면 싸고 예쁜 옷이 넘쳐나지요. 그저 엄마의 마음을 담은 선물을 해주고픈 마음, 유년 시절의 따뜻함을 느끼게 해주고픈 마음에서 밤잠을 설치는 것입니다.

이미 첫째를 한 번 키워봐서 어떤 베이비 용품이 필요하고 불필요한지 제 나름대로 선별할 수 있게 되었습니다. 예를 들면 모두가 필수품처럼 만드는 손싸개, 발싸개를 저는 책에 넣지 않았습니다. 막 태어난 아가는 손 끝의 수많은 신경들로 세상과 첫 인사를 하게 되잖아요. 그런 손을 천으로 꽁꽁 싸놓고 싶지 않아서 저는 두 아이를 키우면서 한 번도 손싸개를 씌운 적이 없습니다. 그러니 당연히 책에도 넣을 수가 없었죠. 손톱으로 얼굴을 할퀴는 것은 손톱을 자주 깎아주면 되고 또 아가들의 피부는 치유능력이 좋아 흉지지 않으니 걱정하지 않으셔도 된답니다. 세례 가운이나 돌 드레스의 경우는 자주 입는 옷은 아니지만 지인들에게 첫 선을 보일 때 입는 옷이기도 하고 기념으로 간직하기에도 좋아서 손이 많이 가더라도 손수 만들어 입히시길 바라는 마음으로 신경 써서 넣었습니다.

핸드메이드라는 것이 만들 땐 더디고 힘들지만 그것의 가치를 알고 유용하게 사용하는 사람을 만나면 얼마나 기쁘고 행복한 일인지 모릅니다. 친정엄마는 아이와 외출할 때나 아이 기저귀를 갈 때마다 제가 만든 '체인징 패드' 를 꼭 챙기시며 "이거 정말 편하다! 다음에 친정동생이 아기 낳으면 꼭 물려주자" 고 말씀하십니다. 둘째 민유는 목욕하자는 말만 나오면 후드가 달린 '샤워타월'을 머리에 쓰고 이리저리 술래잡기를 합니다. 모두 제가 필요해서 만들었고 맛나게 사용했던 용품들만 모아 봤습니다.

이 책을 보고 그대로 따라 만들기보다는 자신만의 감각을 양념처럼 첨가해서 만들 수 있는 여지를 남겨두고 싶었습니다. 같은 디자인이라도 컬러에 따라 소재에 따라 그 느낌과 분위기가 얼마나 달라지는지 모릅니다. 가장 큰 예로 이 책에 나온 드레스와 원피스는 모두 같은 패턴으로 아주 조금의 변화만을 주어 봤답니다. 다양한 기법과 패턴을 익히는 것도 좋지만 한 가지라도 완벽하게 변형시키고 아이디어를 더하는 연습을 하다보면 패션디자이너가 느끼는 창작의 희열을 느낄 수 있으리라 믿습니다. 그렇게 점차 자신만의 옷을 만드는 연습을 해보세요.

그리고 또 한 가지 이번 책을 만들면서 가장 중점을 두었던 것은 바로 컬러입니다.

첫 딸 민소가 어렸을 때 〈색깔 나라 여행〉이라는 동화책을 무척 인상깊게 보았던 기억이 있습니다. 초록 나라에 사는 아이가 어느 날 작은 배를 타고 노란 나라, 파란 나라, 빨간 나라 등을 여행하고 돌아온다는 내용인데 각각의 컬러에서 느껴지는 고유의 감성과 이미지가 잘 표현되어 있었죠. 우리도 수많은 컬러 속에 둘러 싸여 살아가고 있잖아요. 하지만 그것을 인식하지 못한 채 컬러들을 지혜롭게 활용하지도 만끽하지도 못하며 살고 있기도 해요. 컬러는 임신 중 우울한 마음을 다독여주기도 하고(Yellow) 작은 아이를 포근히 감싸 안아주기도 하며(White) 많은 사람들 속에서 돋보이게도 만들어 준답니다(Red). 한 가지 컬러만으로도 사랑스러운 분위기를 연출할 수 있고(Pink) 아이의 슬픈 마음을 위로해 주며(Blue) 두통이 있는 아이에게는 효과적인 안정제의 역할도 한답니다(Green).개성이 강한 세련된 아이로 만들어 주기도 하고(Black) 창의력을 높여주기도 하는(Violet) 신비의 컬러들···. 엄마의 소소한 핸드메이드 소품들을 통해 아이와 함께 그 신비한 세상에 한 발짝 들어가 보는 게 어떨까요? 풍요롭고 다채로운 컬러들이 아이의 창의력과 감성을 보다 깊고 건강하게 만들어줄 거라 생각합니다.

1
2
3
4
5
6
7
8
9
10
11
12
13

핸드메이드에 필요한 것들

1 줄자 신체치수를 잴 때, 곡선 부분을 잴 때 많이 사용한다. cm로 표시된 것을 살 것. 보통 독일제품을 많이 사용한다.

2 단추 기능상 필요하지만 장식효과를 낼 때도 유용하다.

3 곡자 옆선, 목선, 진동 등 부드러운 곡선에 많이 쓴다.

4 직선자 제도할 때나 재단, 봉제할 때 많이 사용한다. 플라스틱 방안자는 시접자 겸용으로 쓸 수 있어 편리하다. 스틸자는 무게감이 있어 재단할 때 천이 움직이지 않아 좋다.

5 바이어스 메이커 장식이나 단 마무리에 쓰이는 바이어스 테이프를 쉽게 만들 수 있다. 원단을 바이어스 메이커에 넣으면 양 옆이 접혀져 나오는데 그것을 다림질해서 사용하면 된다.

6 니퍼 바느질이 잘못되어 실밥을 뜯어야 할 때 사용한다.

7 비즈 구슬과 함께 장식용으로 많이 쓰인다. 비즈용 바늘을 써도 되고 퀼트용 바늘을 사용해도 된다.

8 작은 가위(쪽가위) 실을 자르거나 가위집을 낼 때(특히 둥근 부분) 사용한다. 탄력성이 좋고 끝이 뾰족한 것을 선택한다.

9 핑킹가위 지그재그로 자를 수 있어 장식용이나 액세서리 만들 때 많이 쓰이고 올이 풀리지 않게 자를 수 있다.

10 천가위 20~30cm 정도까지 있는데 재단할 때는 24~28cm가 적당하다. 처음에는 부담이 되더라도 비싸고 질 좋은 것을 사는 것이 좋다. 떨어뜨리지만 않는다면 오래 사용하고 대물림해 줄 수도 있기 때문이다. 그리고 천가위로 종이를 자르면 날이 상하니 되도록 원단만 자르도록 하자.

11 수성펜 수성펜은 물에 닿으면 지워진다. 기화성펜은 열을 가하면 지워진다. 소품 만들 때 편리하다.

12 초크 흰색, 청색, 적색, 노란색이 있으며 어두운 색의 원단에는 수성펜이나 기화성펜이 잘 보이지 않으므로 초크를 많이 사용한다. 흰색 원단에 색이 있는 초크를 사용하면 나중에 지워지지 않아 낭패를 볼 수 있으므로 유의하자.

13 시침핀 원단과 원단을 고정하기 위해 사용한다. 실크핀을 사용하면 재봉질할 때 꽂은 채로 박음질 해도 휘거나 부러지지 않아 편리하다.

14 바늘 재봉틀에 맞춰서 천의 두께에 따라 번호를 보고 선택한다. 가정용은 9~18호가 있는데 일반적(면)으로 11호를 가장 많이 사용하고 얇은 원단(공단, 실크, 레이스)은 9호, 두꺼운 원단(캔버스, 청바지)은 14호를 많이 사용한다.

15 실 보통 면사를 많이 사용한다. 재봉시에는 천과 같은 색 혹은 살짝 짙은 색을 사용한다.

16 수실 수를 놓을 때 사용한다(십자수실이나 moco 등).

17 퀼팅실 천과 압축솜을 함께 손바느질할 때 사용한다.

18 다리미 다림질발이라는 말이 있을 정도로 옷 만들 때 필수!

1
2
3
4
5
6
7
8
9

11
10

1 오가닉 코튼 농약이나 살충제를 쓰지 않고 재배된 목화로 만든 원단. 막 태어난 신생아에게 적합하다.

2 더블거즈 거즈 원단을 두 겹으로 제작한 원단. 부드럽고 흡수가 잘 되어 아이용품 원단으로 적합하다.

3 타월지 면 타월지는 흡수력이 좋아 일반적으로 수건에 많이 사용하는 원단이다. 표면에 보풀이 있고 아이의 목욕가운이나 장난감 만들기에 좋다.

4 다이마루 보통 메리야스 원단으로 불리는데 신축성과 흡수성이 좋아 아이옷 만들 때 많이 쓰인다.

5 면 벨로아 타월지의 올을 짧게 기모를 낸 원단. 부드럽고 보온성이 좋아 겨울옷이나 장난감 만들기에 좋다.

6 평직면 원사의 두께에 따라 20~30수, 40수, 50수, 60수 등으로 나뉜다. 데님은 10~20수, 면 바지/재킷은 20~30수, 두꺼운 셔츠는 30수, 일반 셔츠는 40수, 고급 와이셔츠나 블라우스는 60수를 사용한다.

7 라미네이트 코팅 원단 표면에 비닐 코팅 처리를 한 원단. 방수 처리가 되어있어 턱받이나 앞치마에 많이 사용된다.

8 공단 비단 중 두껍고 무늬가 없으며 윤기가 도는 고급원단.

9 모원단 보온성이 크고 탄성이 좋아 잘 구겨지지 않는다. 햇볕에 오래 두면 색이 바래고 다리미열에도 약하다.

10 섬유용 펜 천에 글이나 그림을 그릴 때 쓰인다. 작업을 마친 후에는 천을 올려 놓고 면 온도로 다림질을 해준다. 완전 건조 후 3일 뒤에 세탁할 수 있다.

11 가시도트 아이옷이나 소품에 단추 대신 단다. 스냅단추에 비해 튼튼하다. 가시 부분과 도트 부분으로 나누어져 가시부분이 도트의 두쪽 홈으로 휘어지면서 홀딩이 되는 원리다. 보통 도트단추 기구나 아일릿 기구를 많이 사용해서 단다.

12 자석단추 소품에 많이 활용되는 자석단추. 바느질이 필요 없고 다는 방법이 간단해서 편리하다.

13 브로치 핀 코사지 등 액세서리를 만들때 뒷면에 붙인다. 바느질로 붙이는 것도 있고 글루건으로 붙이는 것도 있다. 사이즈도 다양하니 작품의 크기에 맞춰 구입하자.

agenda

YELLOW STORY

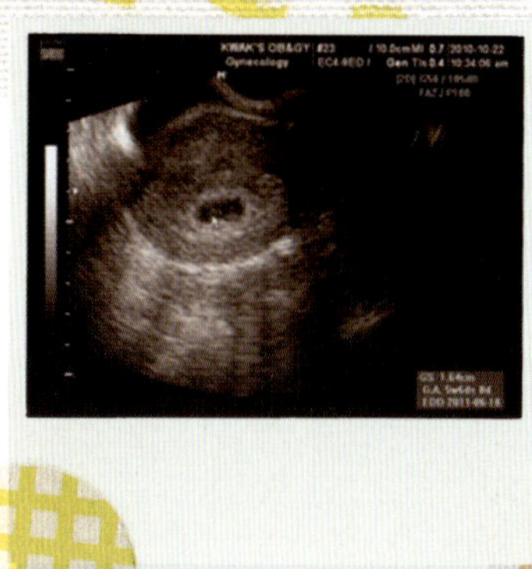

엄마랑 아빠랑 병원에 갔어요
의사 선생님이 그러시는데
지금 엄마 몸속에 예쁜 아가가 자라고 있대요
그런데 의사 선생님이 주신 사진을 보니
눈도 코도 없어요
곰돌이처럼 동그랗고 작은게 그냥 점 같아요.
아가는 까만 엄마 뱃속에서 정말 심심하겠어요.
무섭진 않을까요?
엄마 말씀으로는 수영도 하고
아빠랑 내 이야기도 들으면서 잘 자라고 있대요.
빨리 아가가 태어나서 나랑 같이 놀면 좋겠어요
보라색 내 방에서 인형놀이도 하고
내 빨간 드레스도 빌려줄께예요
아가야, 아가야, 빨리 나오렴.

Yellow

아가와의 만남을 준비하는 시간…
사랑을 싹틔우는 햇살처럼

Yellow

노란 병아리, 노란 우산, 노란 레몬, 노란 해바라기, 노란 바나나, 노란 개나리, 노란 참외, 노란 치즈, 노란 택시… 노란색 하면 떠오르는 것들은 모두 밝고 산뜻한 느낌입니다.
어릴 적 미술시간에 그림을 그리면, 언제나 노란색을 제일 많이 사용해서 다른 색에 비해 노란색 크레파스만 유독 빨리 닳았던 기억이 있어요. 자꾸만 작아지는 노란색 크레파스 때문에 안타깝고 속상했더랬죠. 그렇게 노란색은 작고 사랑스런 유년 시절의 기억과 함께 제 마음 속에 있습니다.
노란색은 아이들도 많이 좋아하지만, 임신한 여성들에게 특히 권하고 싶은 컬러예요. 몸과 마음을 평온하게 해주는 색이거든요. 임신 우울증이나 입덧 때문에 기분이 가라앉는다면 노란색 옷이나 소품을 걸쳐보세요. 한결 마음이 따스해지고 기분이 상큼해지는 걸 느낄 수 있을 거예요. 노란색 패브릭을 이용해서 아기를 위한 선물을 만든다면 더할 나위 없이 좋은 태교가 되겠죠?
노랑은 만물이 자라게 하는 햇살의 색. 그 안에 희망과 행복이 깃들어 있습니다. 눈부신 옐로우 컬러에 둘러싸여 아가와의 첫 만남을 준비해보세요.

Preparing for the Birth

한 땀 한 땀 태어날 아가를
생각하면서…

Pincushion

컵케이크 핀쿠션

바느질할 때마다 항상 곁에 두고 쓰는 핀쿠션. 한번 만들면 두고두고 사용하니까 기왕이면 화사한 컬러와 예쁜 모양으로 만들어요.

Sewing Pouch

쏘잉 파우치

태어날 아가를 위해서 바늘이나 시침핀, 가위 등은 안전한 곳에 꼭 꼭 정리하는 습관을 길러야겠죠? 지퍼가 달린 쏘잉 파우치를 만들어서 바느질 식구들에게 아늑한 보금자리를 선사해 주어요.

배냇머리 보관함

아가의 배냇머리와 유치를 보관해 주세요. 황새를 수놓은 작은 패브릭 봉투, 그곳에 아가의 소중한 첫 기념품을 고이 간직해요.

Babytooth & Babyhair memorial Envelope

Diaper bag & Sac

기저귀 가방 세트

기저귀 가방은 스타일리시와는 거리가 멀 것 같다는 편견은 버리세요. 원단만 잘 고르면 세련된 룩과도 잘 어울리고 아가가 큰 뒤에도 계속 사용할 수 있는 잇백이 될 수 있답니다.

Her First friend Yellow Rabbit

토끼 인형과 워머

인형과 세트로 풋워머와 작은 룸슈즈를 만들어 주어요. 단짝친구는 뭐니 뭐니해도 커플룩이 최고잖아요!

아가의 첫 친구를 만들어 주세요. 인형 안에 뽀송뽀송한 솜과 함께 작은 심장도 넣어 주세요.
아가의 태명까지 한 땀 한 땀 수놓아주면 특별한 친구가 탄생한답니다.

1ST BIRTHDAY

Yellow Sash Onepiece

장식띠 원피스

미스코리아보다 더 예쁜 얼굴과 완벽한 몸매를 지닌 우리 아가에게는 유머가 가미된 장식띠 원피스가 제격이죠.

agenda

WHITE STORY

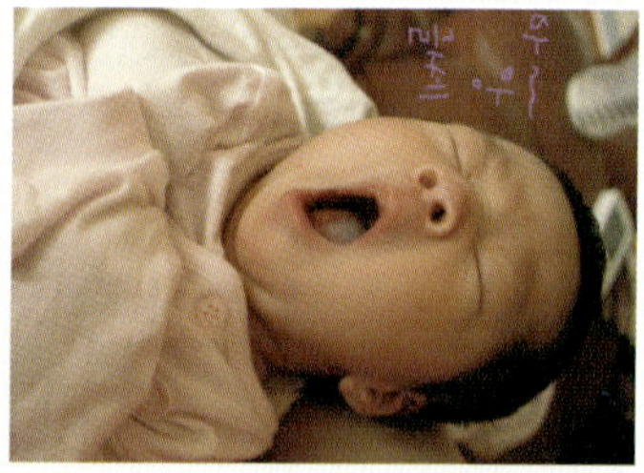

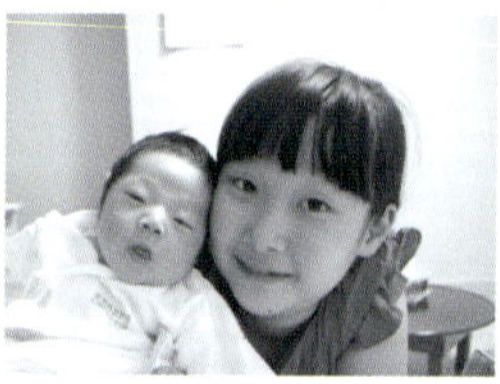

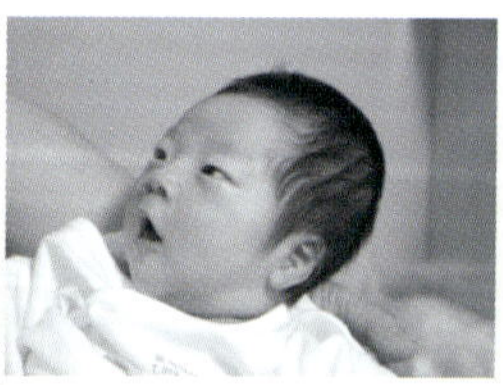

BABY

동생이 태어났어요.
아빠는 동생을 보자 마자,
나랑 똑같이 생긴 공주님이 태어났다고 좋아 하셨어요.
내가 보기엔 별로 안 닮았는데
난 머리가 긴데 동생은 머리 짧고,
난 이가 많은데 동생은 하나도 없고,
난 말도 잘하는데 동생은 울기만해요.
난 손으로 밥도 먹고 일기도 쓰는데
동생은 주먹을 꼭쥐곤 절대 펴지 않아요.
손 안에 뭐가 들었을 까요?
아가야, 보물이라도 감춘 게야?
언니에게도 조금 나눠주렴
우유 처럼 하얗고 이불처럼 보드라운 민유야.

White

새로운 시작, 새하얀 인사

White

이제 막 첫 눈을 뜬 아기는 세상 그 어떤 것보다 순수하고 깨끗한 완전무결의 존재입니다.
작고 사랑스런 아기천사에게 가장 어울리는 색은 누가 뭐래도 화이트!
출산을 기다리며 아기방을 꾸밀 때나 배냇저고리를 준비할 때, 우리는 가장 먼저 흰색을 떠올리죠. 생각해보면, 아이가 태어날 때뿐만 아니라 결혼할 때 혹은 죽음을 맞이하는 순간에도 우리는 하얀 옷을 입어요. 흰색은 가장 영적이며 순결한 색이라는 믿음이 우리의 무의식 속에 자리하고 있기 때문이지요. 이 세상에 존재하는 색 중에서 가장 순수한 색이자 온갖 다채로운 컬러의 근원이 되는 색, 화이트. 잠시 후면 모유의 색, 즉 엄마의 색이 되어 아기에게 한발 더 가까이 다가가겠지요.
그 무엇과도 바꿀 수 없는 소중한 보물, 이제 막 새로운 세상과 인사한 우리 아기천사에게 새하얀 천으로 배냇저고리와 이불을 만들어 주세요. 순백의 사랑과 평화가 아기를 꼬옥 안아줄 거예요.

Cute threesome Soft Rattles

딸랑이 삼총사

애벌레처럼 작은 아가에게 딸랑이 삼총사를 선물하세요. 소근육 발달에 도움이 된답니다. 끈을 달아 모빌처럼 침대 위에 매달아도 좋구요.

기저귀 보관함

Storage Case

뽀송뽀송 아가 기저귀랑 작은 물품들은
보관함에 넣어 침대 곁에 놓고 사용해요.

Baby Burpies

트림 도우미

트림 도우미는 명칭 그대로 아가에게 우유를 먹인 후 트림을 시킬 때, 아가 재울 때 필요한 녀석이에요. 친정 엄마나 다른 사람이 아가를 봐주실 때 유용하답니다. 연약한 아가 피부를 지키려면 돌보는 사람도 순면옷을 입어야 하는데, 모두에게 옷을 갈아입으라고 할 수 없잖아요. 그럴 때 센스있게 이 녀석을 활용해 주세요.

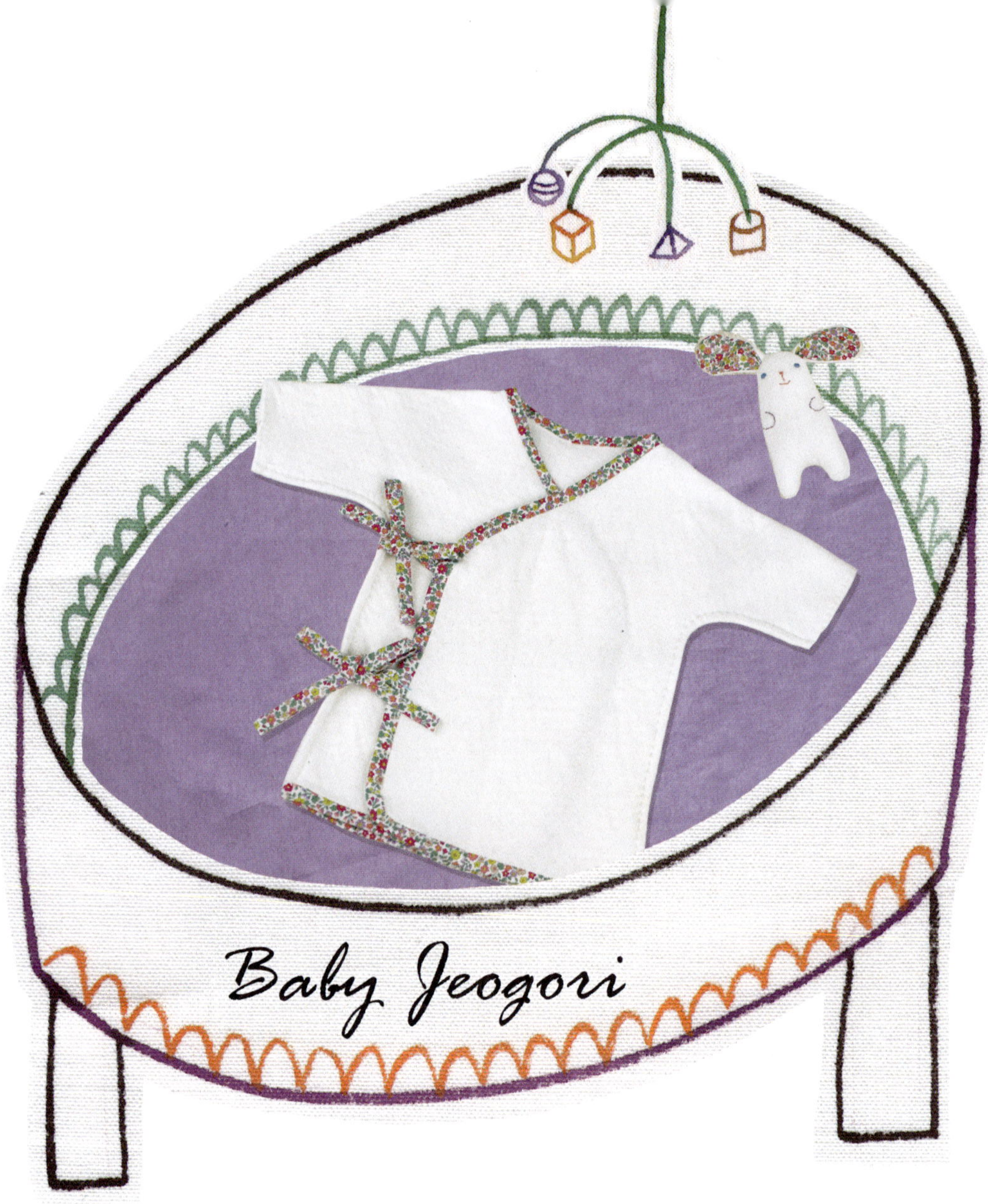
Baby Jeogori

배냇저고리&딸랑이 인형

지금 생각해 봐도 가장 설레던 순간은 뱃속에 있는 아가를 기다리며 배냇저고리를 만들었던 순간 같아요. 요렇게 작은 옷이 아이에게 맞을까? 즐거운 상상을 하며 말이죠.

ma
pe
Fi
BABY
SW
MIN

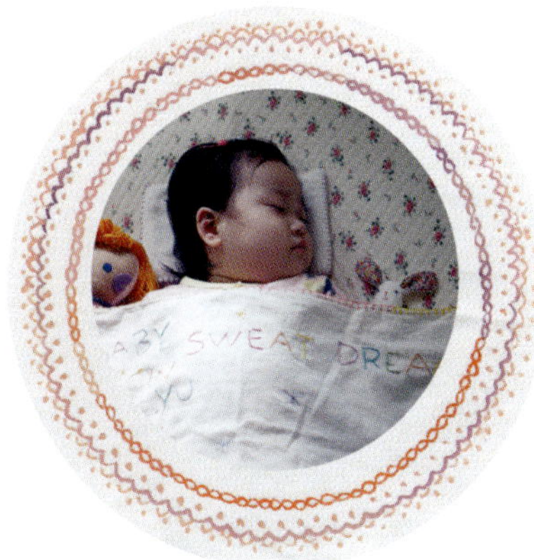

Soft Blanket

가벼운 낮잠 이불

낮잠 잘 때나 여름에 꼭 필요한 이불이에요. 원단은 시중에서 구하기 쉬운 기저귀 천을 사용해 보세요. 이불은 두 장을 붙여서 만들고 베개는 재단 없이 여러 번 접어서 테두리만 버튼홀 스티치를 해주면 끝이에요. 순면이라 피부에 좋고 흡수력도 훌륭해서 땀이 많은 아가에게 제격이지요.

Cute
cherry
Sleeping
bag

조끼 보낭&요정모자

꼬마 요정 나와라! 뚝딱!
보통 수면 조끼라고 불리는 보낭은
잠잘 때뿐 아니라 근거리 외출 시에도
많이 입히는 옷이에요.

Christening gown & Bonnet

카톨릭이 아니어도 세례를 받지 않아도 새하얀 느낌과 우아한 디자인의 세례 가운은 사랑스런 아가들과 참 잘 어울리지요. 보닛과 함께 세트로 입히면 천사가 주신 귀한 선물인 우리 아가가 더욱 돋보일 거예요.

since 1956
세례 가운&보닛

agenda

RED STORY

내 동생 민유처럼 별명이 많은 아가는 없을 거예요.
민쩐, 민똥, 침보, 민도령, 백설기, 보름달, 몽셀통통, 차도아,
민유여신님, 미니어처 민소(이건 내가 지은 별명), 앞뚱 뒷뚱,
사를롯도에뚜아마드모아젤 민유(이건 엄마만 부르는 별명),
그리고 뿡순이!
침도 많이 흘리고 방귀도 잘 뀌고
뭐든지 잘 먹는 슈퍼 아가예요.
민유는 방귀소리뿐 아니라 울음소리도 엄청 커요.
민유가 한 번 울면 온 집안이 흔들리는 것 같아요.
힘도 무척 세요. 나중에 골목대장이 되려나?
언니처럼 도도한 소녀가 돼야 하는데… 하하!
그래도 빠알간 사과랑 달콤한 딸기를 좋아하는 것이
피부는 언니 닮아 예쁘려나 봐요.
민유야, 엄마가 토마토주시면 언니한테 주지마.

Red

아가야, 빨강처럼 기분 좋게 놀자

Red

백설공주를 잠들게 했던 빠알간 사과 기억하시나요?
만일 그 사과가 푸른빛이었다면, 백설공주는 아마 왕비의 유혹에 넘어가지 않았을 거예요. 하지만 그 탐스러운 붉은 빛을 보는 순간, 난쟁이들의 경고를 깜박 잊어버리고 말았죠. 빨간색은 그만큼 매혹적이고 아찔한 힘을 지니고 있어요.
사람은 빨강처럼 따뜻하고 강렬한 색을 보면 자율신경계 중 교감 신경이 상승한다고 합니다. 그래서 기분이 좋아지고 체온도 올라가게 되지요. 붉은 장미를 보면 왠지 모르게 가슴이 두근거리는 이유, 그 뒤에 빨강의 깜찍한 비밀이 숨어 있는 거랍니다.
아이가 흑백 다음으로 인지하는 색이 바로 빨강이라고 해요. 아이가 우울해 하거나 짜증을 낼 때 빨간색 장난감을 줘보세요. 가족 모임이나 지인들을 만날 때, 아이에게 빨간색 옷을 입혀 보는 건 어떨까요? 사람들에게 호감을 주는 것은 물론이고 오랫동안 기억에 남을 강렬한 인상을 전할 거예요.

블루머 블루머

더운 여름, 바지를 입는 것도 거추장스러워하는 아가들은 집에서 기저귀만 차고 있곤 하지요. 하지만 아가들에게도 엄연히 패션이 존재하는 법. 기저귀 위에 블루머를 입혀 주세요. 깜찍한 패셔너블 베이비로 변신할 거예요.

Funny Bloomers

레드 러플 턱받이

오가닉 원단은 환경과 피부에는 좋지만 색상이 밋밋해서 열심히 빨아도 오래된 느낌이 나긴 해요. 이럴 땐 테두리에 선명한 레드 러플로 포인트를 줘보세요. 아가의 얼굴이 90%는 더 화사해 보인답니다. 이유식을 시작할 무렵엔 보드라운 면니트 원단으로 곰돌이 모양의 턱받이를 만들어 주는 것도 재밌겠죠?

Baby's sweet Bibs

곰돌이 턱받이

체인징 패드

기저귀 갈 때, 특히 응가 기저귀 갈 때 아주 좋아요. 안은 물걸레로 쓰윽~ 닦을 수 있는 라미네이트 코팅 원단으로, 겉은 자투리 원단을 요리조리 예쁘게 패치워크해서 만들어주세요. 외출시에 꼭 챙기는 거 잊지 마세요!

Changing Pad

Naughty Baby Jumpsuit

점프슈트

움직임이 많은 아가들에겐 가볍고 편한
옷이 최고예요. 살랑살랑 뒷모습도 예쁘죠.

Sister's Red Dress

빨간 보닛&드레스

샤를 페로의 동화책 속 꼬마 소녀처럼 귀엽고 깜찍한 드레스예요. 보닛의 풍성한 주름으로 유럽의 감수성을, 레드&그레이의 조합으로 빈티지스러움을 살렸어요. 디자인은 엠파이어 스타일로 활동적인 아가에게도 제격이랍니다.

agenda

BLUE STORY

Pink& Blue

한발 두발 동생이 드디어 걷기 시작했어요.
처음엔 벽을 잡고 걷더니
이젠 손을 잡아주지 않아도 제법 잘 걸어요
아장아장 뒤뚱뒤뚱 귀여운 아기 펭귄 같아요.
민유야, 언니 잡아봐! 우리 잡기놀이도 하고 숨박꼭질도 하자.
아, 그런데 자꾸만 넘어져서 민유가 울어요.
민유야, 울면 산타할아버지가 선물 안주시는데 너 큰일 났다.
헤헤, 괜찮아~ 산타할아버지가 안주시면
언니랑 엄마가 대신 줄께.
예쁜 핑크 원피스랑 핑크 머리핀
그리고 파란 새가 달린 모빌도 만들어 줄께.
언니가 엄마 몰래 달콤한 사탕도 한입 줄께.

Blue

우리는 지금
생각의 바다를 여행하고 있어

Blue

깊은 바다처럼 그 속을 알 수 없는 미묘한 색, 블루.
영화에서 푸른색은 여러 가지 의미로 상징화되곤 합니다. 제임스 카메론의 〈아바타〉에서는 신비와 순수를, 앨런 파커의 〈버디〉에서는 포기할 수 없는 희망을, 뤽 베송의 〈그랑블루〉에서는 청량함과 고요함, 그리고 엄마의 자궁 같은 편안함을 상징했던 색, 블루. 우리나라 영화 〈그대 안의 블루〉에서는 여성이 현실을 자각하고 자아를 찾아가는 과정을 표현하는 색으로 사용되기도 했지요. 블루는 집중력을 높여 주고 창의성과 판단력을 키워주는 색입니다. 블루 컬러를 좋아하는 사람들 중엔 유난히 시인, 작가, 철학자가 많다고 하니, 사색의 색이라 불러도 좋을 것 같네요.
흥분을 잘 하거나 정서가 불안한 아이에게 블루 계열의 옷이나 소품을 만들어 주세요. 맥박을 늦춰줘 심신을 안정시키는 효과가 있다고 하네요. 방안을 푸른색으로 꾸며주면 숙면에도 도움이 된답니다. 맑은 하늘만큼이나 화사한 베이비 블루, '터너' 의 몰아치는 파도처럼 힘이 넘치는 딥 울트라 마린, '피카소' 가 사랑했던 프루시안 블루…. 다양한 매력을 지닌 블루 컬러들을 만지며 아이와 함께 생각의 바다를 여행해 보세요.
그 안에 숨어있는 잠재력과 가능성, 궁금하지 않나요?

Towel Hoodie

그냥 샤워타월이 아니예요. 신생아 때는 보드라운 면을 안쪽으로 해서 겉싸개로 사용하고, 조금 더 크면 반대로 뒤집어서 샤워타월로 사용할 수 있는 1석2조 아이템이에요. 샤워 후 요걸 쓰고 도망가는 아이를 잡으러 다니는 것도 즐거운 추억으로 남을 거예요.

샤워타월

Flower Skirt

플라워 스커트

여자 아이들에게 없어서는 안 될 베스트 아이템이랍니다. 도안을 두 장 이어 만들면 단정한 스커트가 되고, 네 장 이어 만들면 어릴 적 입었던 접시 치마처럼 풍성한 느낌이 나요. 물론 소재에 따라서 분위기도 달라지구요. 만들기 쉽고 입기 쉬운 플라워 스커트 만들기에 도전해 보아요.

Bluebird Mobile

파랑새 모빌

이와사키 치히로의 〈작은 새가 온 날〉을 아시나요? 사랑스런 작은 새는 동화 책 속에만 있는 것이 아니에요. 아이 덕분에 집안에 웃음소리가 끊이지 않잖아요. 때론 너무 말썽을 부려 육아에 지치기도 하지만 그럴 땐 파랑새 모빌을 보며 마음을 다독이세요. 우리집 행복의 원천은 뭐니 뭐니 해도 아가 파랑새 덕분이니까요.

Picnic day
Pumpkin pants set

호박바지 세트

영화 〈마르셀의 여름〉 속 아이들처럼 피크닉에 어울리는 호박바지 세트랍니다. 마르셀처럼 여름 별장은 못 가겠지만 햇살 따스한 날 밀짚모자에 이 옷만 입혀도 피크닉 기분 제대로 나겠죠?

Twoway Vest

양면조끼

양쪽으로 뒤집어 입을 수 있는 양면조끼에요. 체온조절이 불완전한 아가들에게는 완소 아이템인 거 아시죠? 꼬마 주머니에 아가 이름을 수놓아주는 센스는 필수!

Bow ties

보타이

꼬마 신사, 숙녀의 스타일을 완성해주는 보타이를 소개합니다!

Min Yu

Sister's Sailor Name onepiece

세일러 네임 원피스

메리 포핀스의 배경이 된 런던의 빅토리아 시대를 생각하며 만든 옷이에요. 이 옷의 포인트는 앞면에 수놓은 아이의 영문 이름이지요. 유명 테일러 샵에서 맞춘 것처럼 옷의 품위를 완성시켜 준답니다.

Pink

달콤한 긍정
핑크의 힘을 믿으세요!

Pink

사랑에 빠진 소녀의 발그레한 볼, 입 안에서 살살 녹는 솜사탕, 보송한 아기 뺨 같은 복숭아… 핑크만큼이나 사랑스럽고 귀여운 컬러가 또 있을까요? 평범한 옷을 입은 여자아이의 머리에 큼지막한 핑크 리본 하나만 달아주면 어느새 러블리한 요조숙녀로 변신한답니다.
핑크는 사랑과 낭만을 상징하는 색이에요. 바라만 보고 있어도, 달콤한 마카롱을 한입 가득 베어 문 듯 침이 고이죠. 긍정의 아밀라아제를 발산하는 달콤한 색, 핑크!
근데 핑크는 여자아이들의 컬러 아니냐고요? 천만에요! 의외로 핑크는 융통성을 가진 색깔이랍니다. 남녀노소 누구에게나 어울려요. 핑크를 잘 소화하는 남자야말로 진정한 멋쟁이란 사실! 잘 울거나 공격성이 강한 남자아이에게 핑크색 옷을 입히면 진정 효과도 있답니다. 남자에게 핑크는 어울리지 않는다는 편견, 이제 저 멀리 던져 버려요! 통계에 따르면 사람들은 분홍색 옷을 입은 사람에게 먼저 말을 거는 경향이 있다고 합니다. 주목 받기 좋아하거나, 반대로 너무 소심해서 친구를 잘 못 사귀는 아이에게 꼭 필요한 컬러라고 할 수 있겠죠?
핑크의 힘! 한번 믿어 보세요.

Laminating lovely Bib

라미네이팅 턱받이

이유식 후기로 접어드는 10개월 무렵부터 아가는 소근육이 발달되어 혼자서도 숟가락을 잡을 수 있게 되죠. 더불어 독립심도 생겨서 스스로 이유식을 먹으려고 해요. 덕분에 식사 시간만 되면 아이의 옷이며 식탁이 모두 음식물로 대혼란입니다. 예쁜 옷을 입혀 레스토랑에라도 가는 날이면 문제는 더 커지기 마련. 이럴 때 필요한 것이 바로 라미네이팅 턱받이에요. 원단에 코팅이 되어있어 음식이 묻어도 쉽게 지워지고 스타일도 살릴 수 있는 기특한 녀석이랍니다.

깔끔한 컬러 매치와 단정한 디자인. 기본 셔츠는 바지에도 치마에도 두루두루 잘 어울리는 아이템입니다.

Strawberry Warm Hat

따뜻한 모자

추운 겨울 몸도 마음도 따뜻하게 감싸주는 스트로베리 모자!

Beautiful Accessories

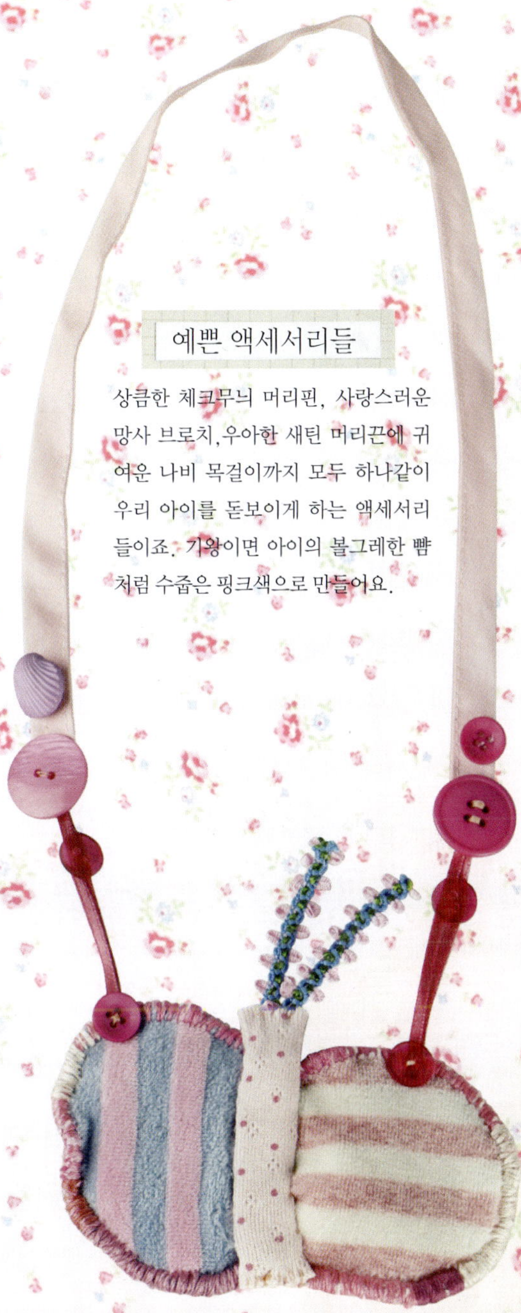

예쁜 액세서리들

상큼한 체크무늬 머리핀, 사랑스러운 망사 브로치,우아한 새틴 머리끈에 귀여운 나비 목걸이까지 모두 하나같이 우리 아이를 돋보이게 하는 액세서리들이죠. 기왕이면 아이의 볼그레한 뺨처럼 수줍은 핑크색으로 만들어요.

Pink Pink Hairband

숙녀의 머리띠

잘 만든 머리띠, 열 원피스 부럽지 않다는 말 아세요? 외출할 옷이 마땅치 않더라도 걱정 마세요. 핑크 망사를 여러 겹 쌓아 만든 머리띠 혹은 토끼귀가 깜찍하게 달린 바니 머리띠만으로도 오늘의 스타일이 완성될 테니까요.

Paris lovely Drawing dress

드로잉 원피스

흰 원단에 섬유용 펜으로 마음껏 드로잉을
해보아요. 핸드메이드 감성이 폴폴 풍기는
프렌치풍 드레스를 만들 수 있답니다.
큰 아이나 조카에게 부탁해도 좋아요.

agenda

GREEN STORY

꾸리꾸리 장난꾸리 내 동생
날마다 장난이 하나씩 더 늘어가요
목욕한 뒤에는 옷도 안 입은 채 도망 다니느라 바쁘고요
맘마 먹을 땐 밥과 국을 마구 섞어서 온 식탁이 엉망이
돼요.
또 날마다 밖에 나가서 놀자고 졸라요
어제는 아파트 화단의 꽃들에게
뭐라뭐라 민유나라 말로 이야기 했어요.
꽃이랑도 이야기하고 야옹이랑도 이야기 하는 내 동생
그럼 엄마는 내게 통역을 부탁해요
"나도 모르겠는 걸?" 내가 어깨를 들썩하면
"너도 예전에 이런 말 했잖아. 기억 안 나?"
하고 물어요
아무래도 민유가 지금 하는 말들을
녹음해서 나중에 들려줘야 할 것 같아요.

Green

자연의 향기, 촉촉한 감성

Green

프랑스 지베르니에 있는 모네의 정원에 방문했던 날, 민소는 그 날 일기에 "그곳은 마치 천국과도 같았다" 고 썼답니다. 모네가 〈수련〉 같은 대작을 그릴 수 있었던 이유는 아름다운 수풀과 나무로 둘러싸인 천국에서 살았기 때문이 아니었을까요? 〈피터 래빗〉의 작가 베아트릭스 포터도 영국 윈드미어의 훼손되지 않은 대자연 속에 집을 짓고 살았어요. 〈피터 래빗〉의 등장인물들은 바로 포터의 곁에 살던 토끼와 오리 등 주위 친구들이었답니다.

신선한 공기, 촉촉한 흙, 파릇한 풀, 그윽한 나무 향기는 아이의 정서와 감수성을 발달시키는 원동력이 됩니다. 그린으로 한없이 감동적인 대자연과 세상을 품어 안는 대지의 어머니를 느끼게 해주세요.

초록은 치유의 색이기도 해요. 자주 병치레를 하거나 두통이 있는 아이에게 효과적인 안정제 역할을 해준답니다. 아이의 방을 그린 계열로 꾸며주거나 초록빛 옷과 소품을 만들어 보세요. 아이의 코끝에 싱그러운 자연의 향기와 촉촉한 감성이 살포시 피어오를 거예요.

Sleeping long Teeshirt

롱티셔츠

이불을 잘 덮지 않는 자유로운 베이비에게 좋을 잠옷용 롱티셔츠. 실내복으로도 GOOD~

Small Bag

꼬마 가방

숲속의 쿠션들

아이에게 작은 숲속을 선물해 주세요. 초록이 눈에 좋은 거 아시죠?
초록 쿠션 몇 개만으로도 집안의 향기가 달라지는 걸 느끼실 거예요.

Forest Cushions

Where do you go? My friend cutie Squirrel

다람쥐 크로스백

달팽이처럼 느릿느릿 기어다니던 아가가 이제는 걷는 것을 넘어서 '다다다' 뛰어다니네요. 작은 발로 지치지도 않는 걸까요? 잡으려고 하면 더 신이 나서 도망가는 모습이 마치 날다람쥐 같아요. 우리 아가와 똑 닮은 다람쥐 크로스백을 만들어 보세요.

Bloomers & Roomshoes

블루머와 룸슈즈

숲을 사랑하는 아이로 자라면 좋겠어요.
동물과 친구가 되는 아이로 자라면 좋겠어요.
환경을 아끼는 아이로 자라면 좋겠어요.
내가 아닌 우리를 생각하는 아이로 자라면 좋겠어요.
그런 엄마의 마음을 담아 만든
작은 핸드메이드 블루머와 룸슈즈입니다.

Acorn Hat

도토리 모자 세트

산골짜기 다람쥐 아기 다람쥐 도토리 점심 가지고 소풍을 간다~~~ 보드라운 면벨벳과 저지원단으로 만든 도토리 모자와 머플러. 외출할 때 꼭 챙기게 되는 머스트 해브 아이템이랍니다.

agenda

BLACK STORY

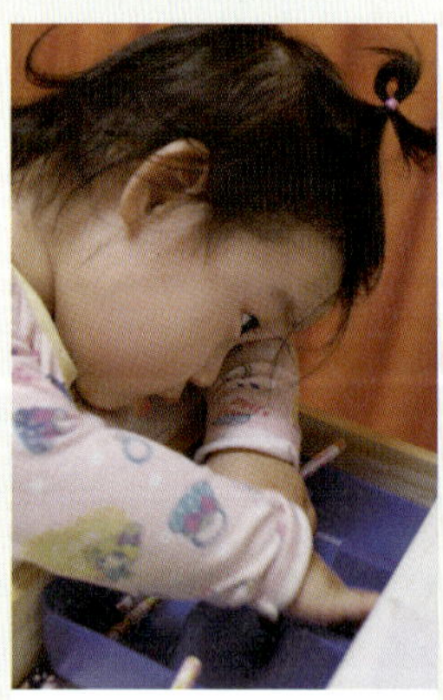

민유는 아직 나처럼 인형을 많이 좋아하지는 않아요.
인형보다는 붕붕 자동차를 더 좋아해요.
나중에 커서 자동차 공장 사장이 되려고 그러는 걸까요?
연필만 보면 좋아서 열심히 뭔가를 그리는 걸 보면…
민유야, 피카소 같은 화가가 되고 싶어?
먹는 걸 좋아하니 요리사가 될 수도 있겠어요.
밖에 나가는 걸 좋아하니 여행가가 되는 것도 괜찮겠어요.
저 몸매로 봐선 발레리나가 되는 건 아무래도
무리겠죠?
민유야, 언니는 커서 사진기자가 될 건데
그때 우리 민유 사진 많이 많이 찍어 줄게.
민유가 나중에 뭐가 되든
언제나 언니의 예쁜 동생 할 거지?

Black

누구와도 구별되고
누구와도 어울리는 특별함

Black

블랙, 그 특별한 친구를 소개해 드릴게요.
블랙을 좋아한다고 말하면 참 심심하고 고지식한 사람으로 보는 경우가 종종 있죠. 하지만 블랙은 그 어떤 색보다 재미있는 컬러예요.
마네의 그림이 동시대 다른 인상파 화가들에 비해 현대적이고 세련되어 보이는 이유는 그림마다 상당량의 블랙을 적절히 사용했기 때문이랍니다. 그리고 블랙이 얼마나 우아하고 아름다운 색인지 증명해준 사람이 있죠. 바로 코코 샤넬! 당시만 해도 블랙은 장례식 때나 입는 색이었대요. 그런데 샤넬은 심플한 블랙 드레스에 진주목걸이를 매치해 우아하고 세련된 패션의 진수를 보여주었죠. 사람들은 그때부터 블랙 의상에 열광하기 시작했다네요. 여러 가지 색을 섞고 또 섞다 보면 마지막에 도달하는 색, 블랙. 하나의 색깔에 모든 색이 응축되어 있는 것이죠. 그래서인지 블랙은 어떤 색과 매치해도 어색하지가 않아요. 블랙&화이트, 블랙&옐로우, 블랙&그레이, 블랙&블루, 블랙&핑크… 저마다 우열을 가릴 수 없는 매력이 넘쳐나네요.
어떤 색과도 구분되는 또렷한 존재감을 지니면서도, 동시에 모든 컬러와 잘 어울리는 참 신기한 색. 오늘 아이에게 블랙 친구 하나 만들어 주세요.

Origami boat Hat

종이배 모자

동화 <괴물들이 사는 나라>의 맥스처럼 꾸리꾸리 장난꾸리 아가에게 어울리는 모자는 무엇일까요? 종이배는 종이로만 만든다는 편견은 버리세요. 컬러풀하고 화려한 색감보다는 심플한 블랙이 한층 세련되고 예뻐 보인다는 것도 잊지 말구요. 이 모자를 만들다보면 종이배를 타고 괴물들이 사는 나라로 여행을 떠나는 씩씩한 아가의 모습이 그려질 거예요

Shirt & Pants

셔츠와 팬츠

패셔니스타들의 공통점은? 바로 기본 아이템을 잘 활용한다! 그리고 스트라이프 티셔츠를 사랑한다!
낭만의 옷, 자유의 옷이라 불리는 스트라이프 티셔츠는 피카소도 사랑해 마지 않았던 아이템이에요. 여기에 심플한 기본 팬츠를 매치하면 단숨에 엣지있는 꼬마로 변신 한답니다.

My secret friend Bunny doll

바니 인형

바니 인형은 아이의 비밀친구예요. 말수가 적고 낯가림이 심하지만 한번 친구가 되면 평생 기쁨과 슬픔을 함께 나눌 그런 아이예요.

Chic baby Accessories

목걸이와 머리띠

흔한 흰색 면티에도 클래
식한 원피스에도 두루두루
어울리는 블랙 목걸이와
머리띠를 선물해 보세요.

THE BOX
can cont your
DEARES ORDS
can keep ur
T FRIE DS
years to come

쁘띠 마드모아젤 블랙 드레스

클래식한 플라워 문양의 블랙 드레스. 치마에 주름이 잡혀 활동하기에도 편해요. 목이 답답한 걸 불편해하는 아이를 위해 칼라는 과감히 없애 버리세요. 대신 리본이 달린 따뜻한 퍼칼라를 세트로 만들어 주세요.

Petit mademoiselle Blackdress

agenda

VIOLET STORY

1

Special day

꼬꼬마 동생의 첫 번째 생일이랍니다.
와! 민유가 태어난 지 벌써 1년이 되었다니 정말 대단해요.
나는 민유랑 커플로 드레스도 입었어요.
머리에 꽃과 리본으로 만든 핀을 다니까
꼭 베르사유 궁전에 사는 공주님이 된 기분이에요.
식탁에는 내가 사랑하는 케이크와 마카롱도 가득해요.
멀리서 할머니도 오시고 사촌오빠랑 언니도 왔는데
오늘의 주인공인 민유는 아까부터 기분이 좋지 않은지
짜증을 내다가 드디어 울음보가 터졌어요.
달래도 달래도 우는 민유 때문에 시끌시끌한 생일 파티가 되었답니다.
그래, 민유야-
네 생일이니 네 맘대로 해라.

Violet

생애 첫 파티
가장 신비롭고 고귀한 주인공을 위해

Violet

아기가 태어난 지 어느덧 1년이 되었습니다.
엄마는 분주히 아이의 첫 파티를 준비합니다.
아이보다 더 설레고 들뜬 마음으로 하나둘 파티 계획을 세우느라 밤잠을 설치기도 하죠. 그날만큼은 내 아기가 세상의 주인공이 되어 모두에게 사랑스러움을 뽐내야 하거든요.
그럼 생애 첫 파티 기념으로 아기에게 어울리는 드레스와 슈트를 직접 만들어 보는 건 어떨까요? 기왕이면 왕실의 상징인 보라색을 선택해 보세요. born in the purple은 왕가에서 태어나다 혹은 고귀한 태생이다라는 뜻이라고 합니다. 그만큼 서구에서는 예부터 보라색을 신성시 여겼습니다. 보라색에는 특유의 신비로움과 고귀함이 배어 있어요. 보라색을 좋아하는 사람들은 창의성이 높아 예술가가 될 확률도 높다고 하네요.
어떤가요? 이만하면 보라색이야말로 특별한 날, 특별한 파티에서 가장 신비롭고 고귀하게 빛날 우리 주인공에게 딱 어울리는 컬러라 할 수 있겠죠?

100일 기념 드레스

우리 아가가 태어난 지 벌써 100일이 되었네요. 가슴 벅차고 감격스러운 날이지만 소란스럽지 않게 가족끼리만 모여 그 의미를 되새기려구요. 아가에겐 뽀얀 피부와 어울리는 연보라색 심플한 공단드레스가 어울리겠죠?

100 days
Anniversary

1st

First Birthday Party

돌이라고 남들처럼 새하얀 드레스를 입는 건 너무 재미없어요.
엄마! 런던의 비비안 할머니처럼 톡톡 튀고 발랄한 저만의 드레스로 부탁해요!

1

비비안 돌 드레스

Gentleman Suit

꼬마신사 돌 정장

아무리 멋진 옷이라도 입기 불편하면 아가들은 힘들어해요. 특히 사람들이 많이 모인 낯선 장소에선 더욱 조심해야 해요. 그럴 땐 기존의 정장 디자인에서 조금만 변형을 해보아요. 칼라는 떼어버리고 진동과 소매는 넓히고 단추는 더블버튼으로 안정감을 주는 거죠. 컬러는 고급스러운 와인색이 어떨까요?

Cake Panama-hat

케이크 파나마 모자

돌 케이크는 예쁘기는 하지만 먹어버리면 그만이고 또 정작 주인공인 아가는 먹을 수가 없어 아쉽잖아요. 두고 두고 기념도 되고 장난감처럼 가지고 놀 수도 있는 케이크 모자를 만들면 어떨까요?
케이크 모양에 챙만 달면 멋진 마드모아젤 파나마 모자가 된답니다.
화이트 케이크도 예쁘지만 브라운 원단을 사용하면 발랄하고 씩씩한 아가들에게 어울리는 초코 케이크 모자가 된다는 사실. 위에 어떤 장식을 하느냐에 따라 분위기가 확 달라지기도 하구요. 케이크의 트랜스포머! 가지고 노는 아가도 만드는 엄마도 모두 뜻깊은 시간으로 기억될 거예요.

Picnicday wi
Crying Be
Minyu

Teaparty White dress

티파티 드레스&보닛

따뜻한 오후 아이의 친구들을 초대해 티파티를 열어보아요. 제인 오스틴의 소설 속 주인공처럼 화이트 드레스에 선보닛을 쓰고 엄마가 만들어준 쿠키와 우유를 마셔요. 한 명쯤 울어도 괜찮아요. 나중에 생각하면 모두가 즐겁고 잊지 못할 추억이 될 테니까요.

Welcome to little lady's teaparty

티팟과 찻잔 세트

티파티에도 피크닉에도 소꿉놀이에도 빠지지 않는 티팟과 찻잔 세트랍니다.

Treasure in a vintage Suitcase

엄마의 오래된 빈티지 트렁크 안에는 아가의 보물들이 가득해요. 티팟과 꼬마찻잔 세트, 아가의 룸슈즈, 케이크 파나마 모자. 꼬마숙녀의 스타일을 완성시켜줄 러블리한 액세서리까지….

자매 인형

언니 닮은 인형 하나, 동생 닮은 인형 하나. 인형 이름을 고민할 필요는 없어요. 아이들 이름을 그대로 불러주면 되거든요. 옷도 아이들과 커플룩으로 입혀주세요. 인형 하나로 아이들의 자존감도 커지고 자매애도 깊어질 거예요.

Small party

스몰 파티

파티라고 뭐, 거창할 필요 있나요? 화려한 드레스는 없지만 상다리 휘어지는 파티상은 없지만 박수치고 축하해줄 손님들은 없지만 가족이 함께 있는 것만으로, 그것으로 충분히 의미있는 파티. 즐겁고 재밌는 하루로 기억되는 스몰 파티입니다.

옷을 세트로 맞출 필요는 없어요. 다만 컬러 정도는 맞춰주는 센스! 화사한 Yellow와 Mint의 조합 어떤가요?

가슴에 우리 가족만의 유머러스한 엠블럼을 만들어 다는 것도 재밌겠죠?

mon bebe

how to make

Ready for sewing

1 이렇게 활용해요!

- 책 뒤에 실린 실물본은 복사하거나 투명한 트레싱지에 옮겨 그리세요.
- 원단은 사이즈보다 여유있게 준비하세요. 아이옷은 보통 1마 정도면 적당해요. 단 드레스와 원피스는 주름이 많이 들어가기 때문에 2마를 준비하세요.
- 자수용 색실은 여러 개를 준비해 놓으면 편해요.
- 비싼 천연섬유도 좋지만 작아진 옷을 재활용하는 것도 환경과 아이를 위해서 좋아요.
- 창구멍은 완성 사이즈의 1/3 정도, 작품이 아무리 커도 5cm를 넘지 마세요.
- 바느질을 못한다고 스트레스 받지 마세요. 삐뚤삐뚤 자연스런 바늘땀이 더 사랑스러워요.
- 옷 만들 때는 다림질을 수시로 해주세요. 옷은 다림질발이라는 말도 있잖아요. 첫 세탁은 세탁소에 맡기는 것도 좋아요.
- 레이스와 비즈, 그리고 자투리 천을 적극 활용하세요.

2 천 준비

천을 재단할 때는 기본적으로 식서 방향에 맞추세요. 식서 방향은 천을 잡아 당겼을 때 늘어나지 않는 세로 방향입니다. 옷이나 가방의 경우에는 꼭 식서 방향을 지키는 것이 좋고 인형이나 작은 소품은 방향에 상관없이 효율적으로 사용하면 돼요. 면이나 린넨 등 천연 소재는 세탁하면 수축하는 성질이 있으므로 재단하기 전에 선 세탁을 하세요. 미지근한 물에 중성세제를 살짝 넣은 후 살살 주물러 헹구면 됩니다. 말릴 때는 꼭 그늘에서 말린 후 다림질하는 것 잊지 마세요. 아기옷이나 린넨 의류는 다 만들고 난 후 손으로 조물조물 애벌빨래한 후 입히는 것이 좋습니다.

3 시접정리

박음질 후 시접을 잘 정리하지 않으면 옷이나 소품의 완성도가 떨어져 보이고 오랫동안 사용하기도 힘들어요. 가장 보편적으로 많이 하는 시접 정리 방법은 오버록입니다. 지금 입고 있는 옷을 뒤집어 옆선을 한번 보세요. 실이 여러 겹으로 감싸져 있죠? 그것이 바로 오버록이에요. 그렇지만 가정용 재봉틀의 오버록 기능은 한계가 있고 또 재봉틀이 없을 경우는 말아박기를 하거나 바이어스로 감싸면 돼요.

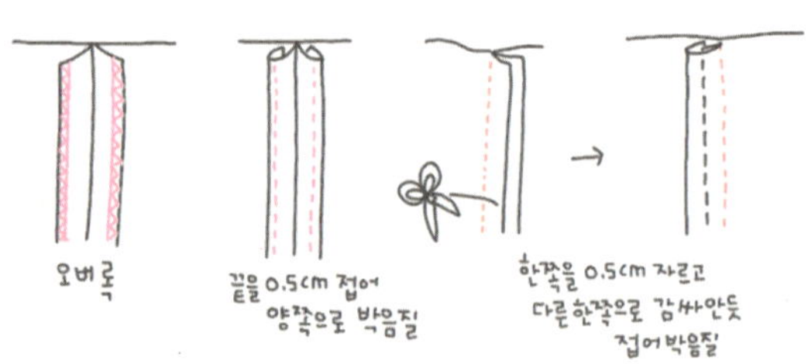

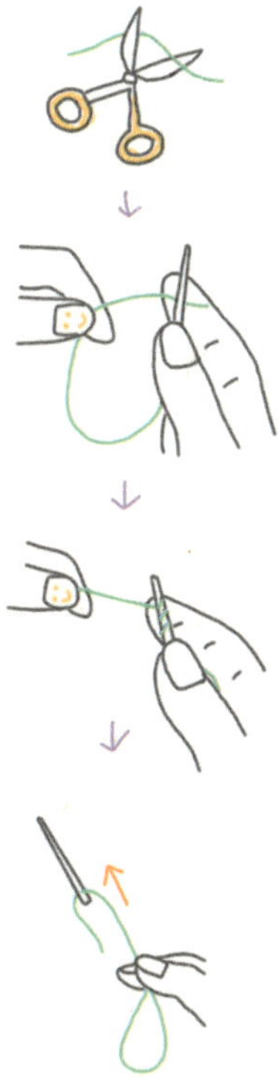

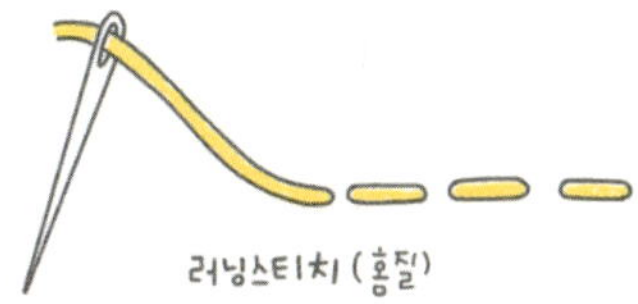

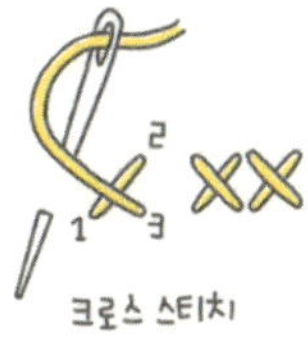

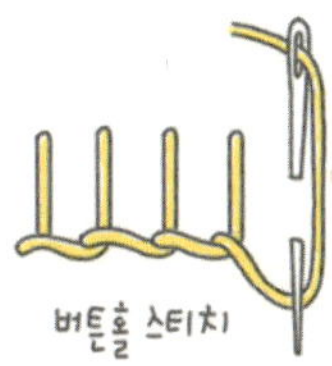

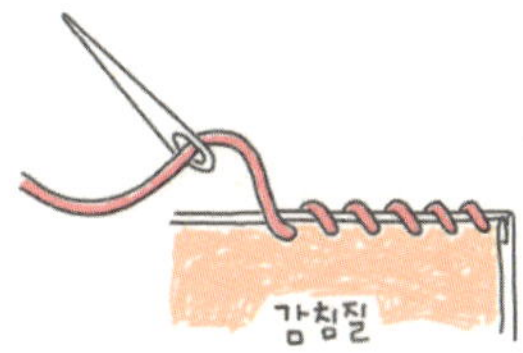

4 기본 바느질

바늘에 실 꿰기 실은 사선으로 자르세요. 바늘귀에 실을 넣고 바늘에 실을 2~3회 감아 왼손 엄지로 누르고 바늘을 위로 당겨 빼면 됩니다.

바느질 마무리 매듭 짓는 것이 힘들면 마지막 바늘땀을 제자리에서 두 번 박음질해도 됩니다(재봉틀로 따지자면 되박음질한 효과가 되니까요).

백 스티치(박음질) 실밥이 풀리지 않도록 튼튼하게 완성하는 가장 기본이 되는 바느질 법입니다. 한 바늘땀 길이만큼 뒤로 가서 이전 바늘땀 2개 만큼 건너서 뺍니다.

러닝 스티치(홈질) 가장 기본이 되는 방법입니다. 일정한 땀을 3~5땀 뜬 후 살살 잡아 당겨요. 천이 울지 않도록 조심하세요.

크로스 스티치(새발뜨기) 장식으로도 사용되고 두꺼운 옷감의 단을 처리할 때도 쓰입니다. 아래와 위가 겹치지 않도록 왼쪽에서 오른쪽으로 한 땀씩 바느질해 나갑니다.

버튼홀 스티치 바늘에 실을 돌려 걸면서 수를 놓는 방식입니다. 도톰한 천을 아플리케할 때 사용하면 올이 풀리는 것을 방지할 수 있어요. 단춧구멍 가장자리를 정리할 때도 사용되고 후크와 똑딱단추 달 때도 사용됩니다.

공그르기 천 두 장을 완성선에 따라 연결할 때 특히 아플리케나 창구멍을 막을 때 많이 쓰입니다. 단 속으로 꿰매기 때문에 바늘땀이 보이지 않아요. 겉감은 한 올만 뜨고, 속으로는 길게 뜨는 것이 특징입니다.

감침질 꺾어진 끝단에 주로 사용하고 아플리케할 때도 많이 사용해요. 바늘땀이 겉으로 거의 나타나지 않게 잘게 감치는데 장식을 요할 경우는 길게 하거나 거칠게 하기도 합니다.

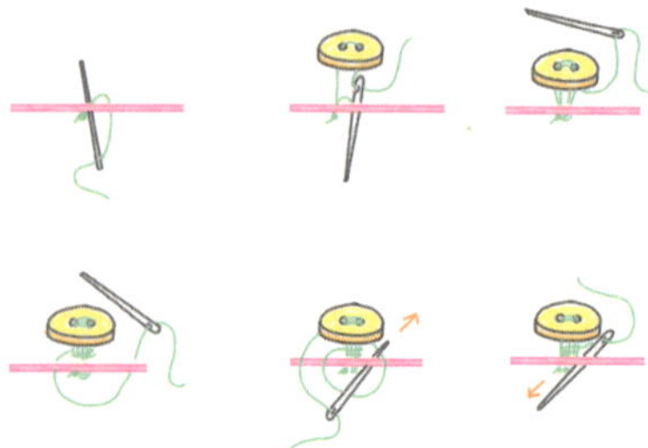

스냅단추 달기 원단의 뒷면 중앙에 바늘을 꽂아 앞면으로 통과시키세요. 앞면의 한쪽부터 시작해서 버튼홀 스티치 하듯 그림처럼 매듭이 있게 바느질 해주세요. 한 구멍당 3~4번 정도 같은 방법으로 바느질해 주면 됩니다.

단추 달기 원단의 뒷면에서 단춧구멍에 맞춰 바늘을 통과시키세요. 단추의 다른쪽 구멍으로 통과시켜 다시 뒷면으로 바늘이 나오게 하세요. 3번 반복한 후 단추와 원단 사이를 3번 감아주세요. 뒷면으로 바늘을 빼고 매듭을 지어 주면 됩니다.

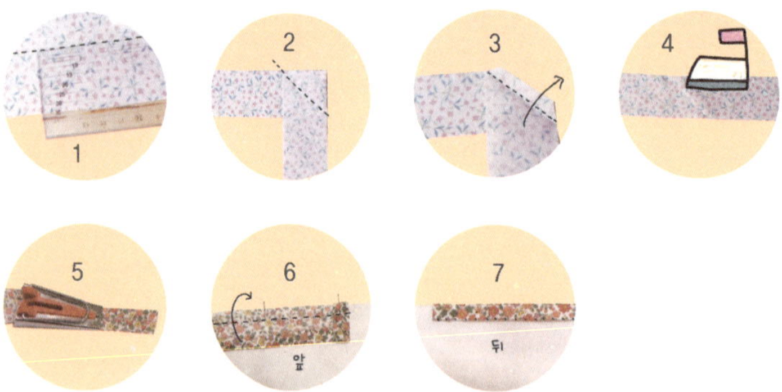

바이어스 테이프 달기

1 3.5cm 넓이로 자르세요.

2 길이가 부족할 경우는 자른 두 장을 겉끼리 맞대고 그림처럼 직각으로 포개놓으세요.

3 사선으로 박음질하고 펼치세요.

4 겉에서 다림질하세요.

5 바이어스 메이커의 뒷부분 틈새에 만들어 놓은 테이프를 넣고 살살 잡아 당기세요.

6 원단의 겉 위에 바이어스 겉을 놓고 시접선을 따라 박음질한 후 바이어스를 시접쪽(뒤)으로 꺾으세요.

7 뒤쪽에서 원단과 함께 공그르기하세요 .

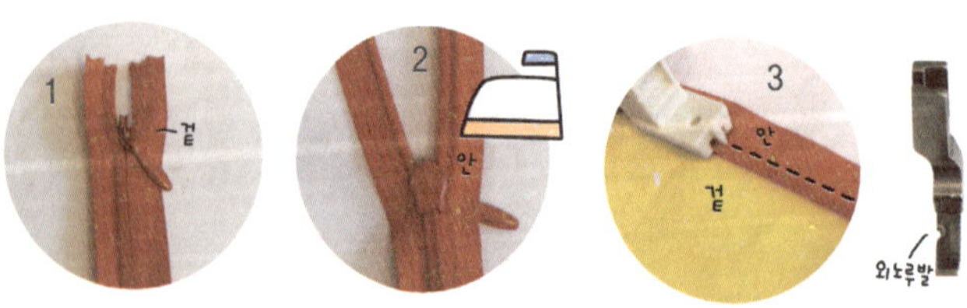

콘실지퍼 달기

1 콘실지퍼를 준비하세요.

2 지퍼의 안쪽을 다림질하세요.

3 원단의 겉과 지퍼의 겉을 맞댄 후 콘실지퍼 노루발을 이용해 박음질하세요(콘실지퍼 노루발 대신 외노루발을 이용해도 무방해요).

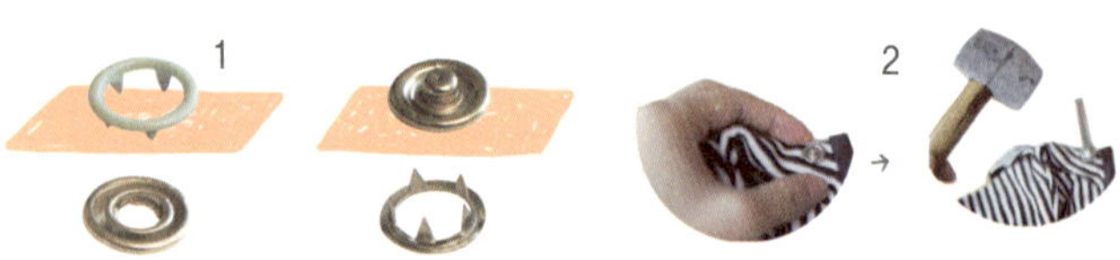

가시도트 달기

1 그림처럼 천과 가시도트를 배치하세요.

2 기구를 이용하거나 망치로 2~3번 때려주세요.

Q&A

1 재봉틀이 없는데 손바느질로도 옷을 만들 수 있나요?

소품은 충분히 손으로 만들 수 있어요. 손으로 한 땀 한 땀 놓은 스티치나 퀼팅이 재봉틀로 만든 것보다 오히려 정감이 있어 사랑스러우니까요. 옷은 배냇저고리처럼 간단한 신생아 용품은 무리가 없지만 본격적인 바지, 원피스는 조금 힘들어요. 시간도 오래 걸리고 엉성한 느낌이 나기도 하거든요.

2 배색하기 힘들어요.

*가장 쉬운 방법은 비슷한 색끼리 배색하는 것입니다. 실패의 확율이 적죠. *좀 더 재미를 주고 싶다면 큰 무늬 +작은 무늬로 배색을 해 보세요. 그리고 *컬러는 같지만 원단 소재를 다르게 하는 것도 재밌는 배색 방법이에요. 같은 블랙이지만 프린트+레이스+공단, 이런 식의 조합은 지루하지 않고 재밌는 느낌이 들어 좋아요.
*비싼 원단으로 포인트를 주는 방법도 있어요. 옷 잘 입는 사람들을 보면 머리부터 발끝까지 명품으로 치장하기보다는 Mix&Match를 잘 활용한 사람들이 많잖아요. 원단 배색도 마찬가지에요. 주가 되는 원단은 국내산이지만 포인트가 되는 칼라나 소매, 주머니 같은 곳에 수입 앤틱 천이나 빈티지 원단을 사용하면 보다 개성있고 엣지 있는 옷과 소품을 만들 수 있답니다.

3 원단의 겉과 안을 구별하기 힘들어요.

나염 옷감은 프린트 모양이 선명한 쪽이 겉이고요, 양면을 비교하였을 때 광택이 있는 쪽이 겉입니다. 구별하기 힘들면 옷감의 단쪽에 문자나 표식이 찍혀 있는 쪽이 겉입니다. 문자가 없으면 단쪽에 구멍이 나있는 것이 보일거예요. 손으로 구멍을 살살 만져보면 움푹 들어간 쪽이 안쪽이고 조금 도드라져 나온 쪽이 겉입니다. 즉 구멍을 안쪽에서 겉으로 뚫었다는 뜻이겠죠?
겉과 안의 구별이 뚜렷하지 않은 옷감은 혼동하기 쉬우니 재단하고 난 후 바로 초크나 시침실로 표시해 두세요.

4 실은 어떤 것을 사용하나요?

원단에 맞는 두께와 색깔의 실을 선택하는 것이 좋지요. 손바느질할 때는 보통 퀼트실을 많이 사용하고요. 재봉틀용으로는 면사(폴리에스테르)를 많이 사용합니다. 색은 원단과 같은 색을 구입하는 것이 좋고요. 똑같은 색이 없다면 살짝 너 어두운 색을 사용하시면 됩니다. 눌러박기나 퀼팅(누빔)을 할 경우에는 고급 견사나 라이크라사를 이용하기도 해요.

5 심지는 왜 붙이나요? 어디에 붙이나요?

심지는 의복의 기본적인 형태를 유지하여 실루엣을 만드는 데 도움을 주고 세탁에 의해서 모양이 변형되는 것을 막아줍니다. 쉽게 말해서 옷을 입다보면 목 부분이나 주머니가 늘어나잖아요, 그런 부분에 심지를 붙여 직물 형태의 손상을 막는 거죠. 주로 슈트의 안단, 칼라, 목, 주머니, 진동 부분에 사용하죠. 늘어남이 덜한 원단에는 상대적으로 덜 사용합니다. 또 반대로 너무 탄력성이 없는 원단에 심지를 사용함으로써 탄력성을 보강하는 경우도 있어요. 종류는 모심지, 마심지, 면심지, 실크심지 등 여러 가지가 있지만 보통은 면심지를 많이 씁니다. 색상도 여러 종류가 있으니 원단에 맞게 잘 선택해 사용하세요.
붙일 때는 다리미로 다려주년 되고 시접선에 살짝 걸쳐지도록 붙이면 됩니다.

6 식서 방향을 잘 모르겠어요.

식서는 올이 풀리지 않게 짠 천의 가장자리 부분을 말해요. 보통 한 마 두 마 하는 천의 길이 방향이라고 생각하면 됩니다. 잡아 당겼을 때 늘어나지 않기 때문에 옷을 만들 때 식서 방향으로 놓고 작업을 합니다. 그래야 옷의 형태가 좋고 오래 입어도 늘어나지 않아요. 부득이하게 식서 방향로 재단하지 못할 경우에는 뒷면에 접착심지를 붙여주세요.

01 Yellow
→ Page 023

완성사이즈 7x8cm

컵케이크 핀쿠션

재료 겉감(타월지 1/16마), 압축솜, 비즈, 리본, 솜
[시접은 모두 0.7cm]

1 윗면의 둘레 부분 안쪽으로 0.5cm 들어가서 홈질한다. 한쪽 실을 잡아당겨 주름을 만든다. 옆면과 아랫면은 압축솜 위에 겉감을 놓고 시침질한다.
2 옆면은 가로로 접어 박음질한다(창구멍 제외).
3 윗면 안쪽과 옆면 안쪽을 맞대고 박음질한다.
4 아랫면도 마찬가지로 박음질하고 뒤집는다.
5 창구멍으로 솜을 넣고 창구멍은 공그르기한다.
6 옆면은 리본테이프로 꾸미고 윗면은 단추나 비즈로 꾸민다.

01 Yellow
→ Page 026

완성사이즈 9.5x6.5cm

배냇머리 보관함

재료 겉감, 안감(흰색 천, 퀼트 천 조금씩), 압축솜, 수실
[시접은 모두 0.7cm]
1 ①과 ②를 겉끼리 맞대고 박음질로 연결한다.
2 압축솜 위에 겉감을 놓고 시침질한 후 수를 놓는다.
3 안감-겉감-압축솜 순으로 놓고 시접대로 박음질한다(창구멍 제외).
4 가위집 내고 뒤집는다.
5 다리미로 곱게 다린 후 창구멍은 공그르기한다.
6 4면을 자로 그린 후 퀼팅한다.
7 안으로 접고 만나는 부분을 공그르기로 연결한다.
8 위치를 표시한 후 스냅단추를 단다

01 Yellow

→ Page 024

쏘잉 파우치

재료 노란색 무지 천(겉감), 회색 프린트 천(안감), 압축솜 5온스, 자투리 프린트 천, 고무줄, 단추, 수실 약간 [시접은 모두 0.7cm]

완성사이즈 21x15cm

1 겉감과 안감은 도안대로 재단한다.

2 겉감 아래 압축솜을 놓고 시침질(큰 땀으로 홈질)한다.

3 자투리 천을 도안대로 재단한 후 겉감 위에 아플리케하고 수를 놓는다.

4 도안대로 자른 주머니감의 겉면끼리 맞대고 박음질한 후 뒤집는다.

5 지퍼를 주머니 아래 놓고 감침질로 연결한다.

6 지퍼의 다른 쪽은 안으로 접어 몸판 위에 놓고 감침질한다.

7 주머니 몸판을 시침질로 고정시킨다 .

8 고무줄을 반으로 접어 안쪽 몸판 시접 부분에 박음질로 고정시킨다.

9 고무줄이 접힌 쪽에 단추를 단다.

10 자투리 천을 사이즈대로 접어 적당한 위치에 공그르기로 붙인다.

11 가장자리는 바이어스 처리한다.

12 반으로 접어 지퍼를 시침핀으로 고정한 후 한쪽을 먼저 감침질하고 다른 쪽도 마저 감침질한다.

13 지퍼 안쪽은 세발뜨기로 마무리한다.

1

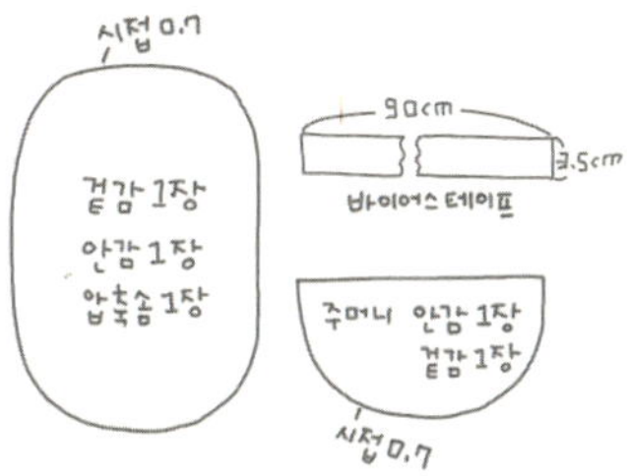

2

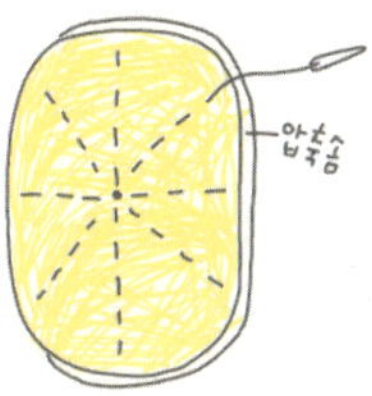

3

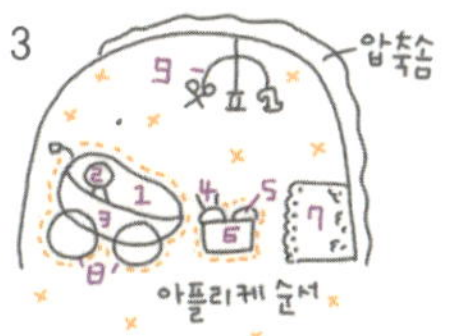

4

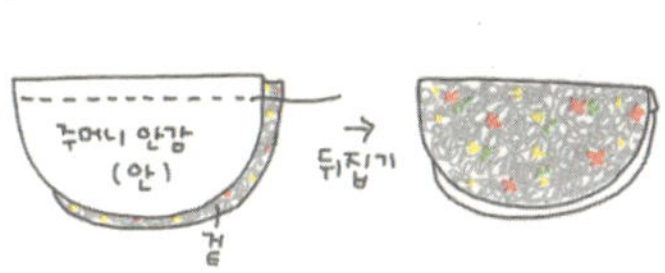

5

6

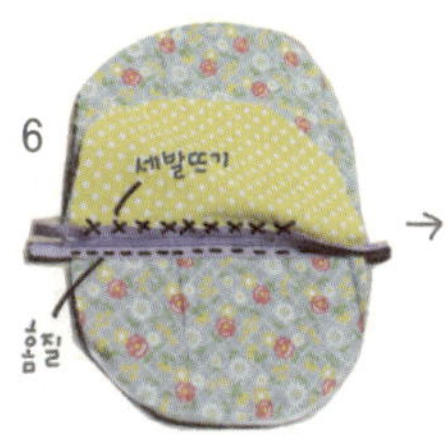

7

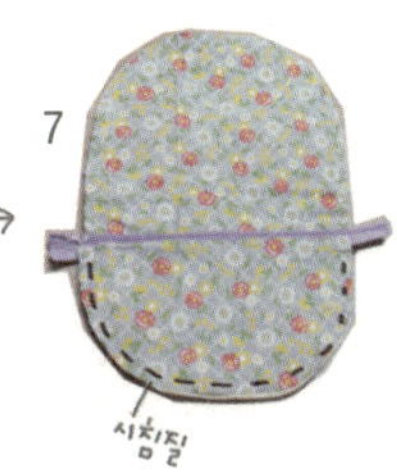

9

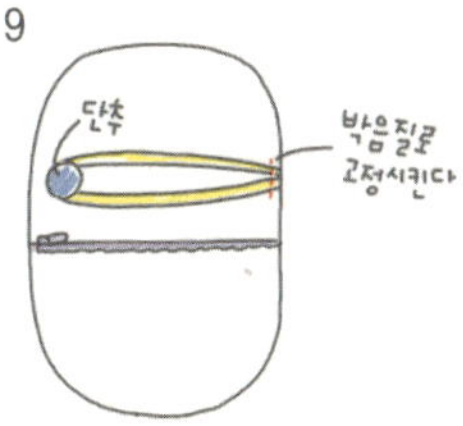

10

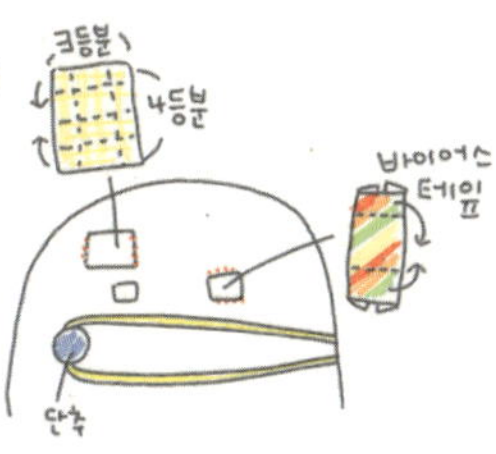

11

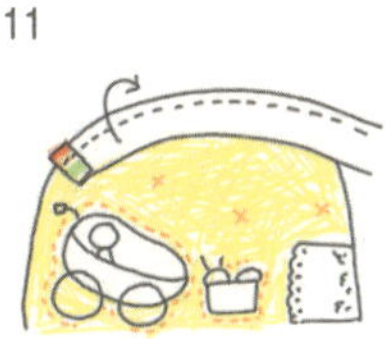

12

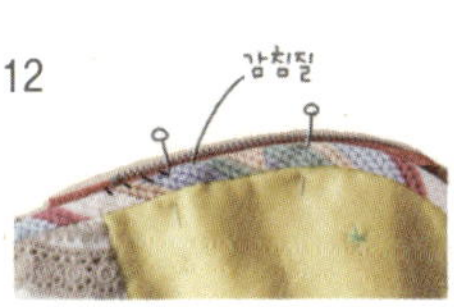

13

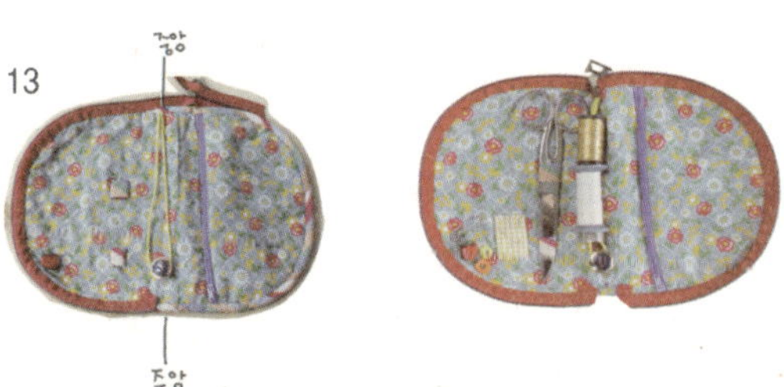

01
Yellow
Page 028

완성사이즈 39.5x50cm

기저귀 가방 세트-가방

재료 겉감(프린트 천 1/2마), 안감(체크 천 1/2마), 바닥(세무), 바이어스(노란 무지 천), 압축솜

[시접은 모두 1cm]

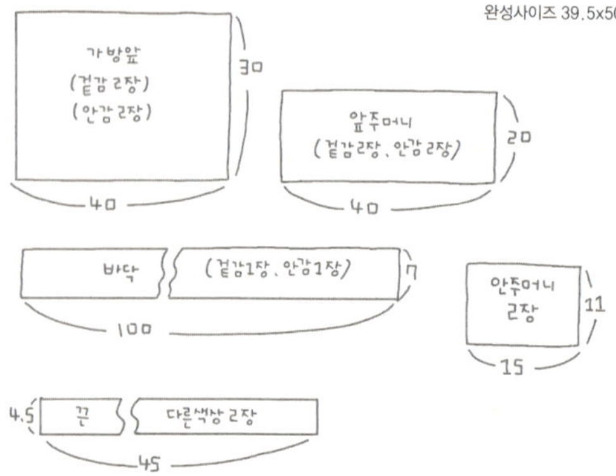

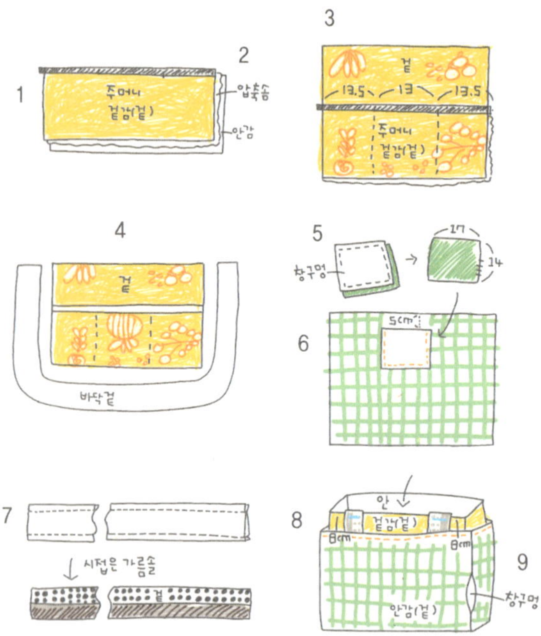

1 주머니 감을 겉감-압축솜-안감 순으로 놓고 시침질한다.

2 윗부분은 바이어스 처리한다(몸판 겉면 위에 바이어스 겉면을 대고 박음질->남은 면을 몸판 쪽으로 꺾어 접은 후 안쪽에서 공그르기로 마무리).

3 ①을 앞판 위에 놓고 3등분해서 박음질한다(압축솜의 남은 시접 부분을 잘라낸다. 잘라내지 않으면 뭉툭해서 모양이 예쁘게 접히질 않는다).

4 앞판의 아래와 옆판의 중앙, 옆을 맞추고 겉끼리 맞대어 박음질한다(같은 방법으로 뒷판도 연결한다).

5 그림처럼 17X14cm 크기의 주머니를 만든다.

6 안감 위 중앙에서 5cm 내려온 위치에 박음질로 주머니를 단다.

7 사이즈대로 끈을 만들어 뒤집은 후 다림질한다.

8 겉면에 끈을 그림과 같은 위치에 올려놓고 고정박기를 한다. 겉감과 안감을 겉끼리 맞대고 박음질한 후 창구멍을 통해 뒤집는다.

9 창구멍은 공그르기한다.

01 Yellow
→ Page 028

완성사이즈 25x27cm

기저귀 가방 세트-주머니

재료 겉감(프린트 천), 러플용 검정 실크 천, 리본테이프, 구슬

[시접은 모두 1cm]

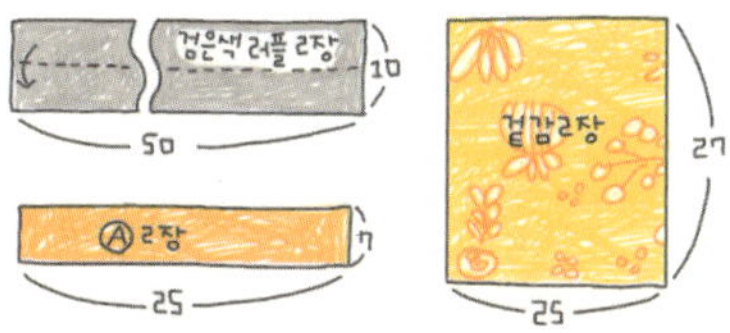

1 러플 만들기-검은색 천은 홈질로 주름을 잡는다.

2 Ⓐ의 양끝 시접은 안으로 접어 홈질한다.

3 러플을 겉면에 시침질로 고정시켜 놓는다.

4 몸판-러플-Ⓐ노란천을 순서대로 놓고 입구를 박음질한다.

5 앞판과 뒤판을 겉끼리 맞대고 연결한다(시접은 오버록, Ⓐ는 절반을 안으로 꺾고 시접은 공그르기한다. 큰 바이어스를 싼다고 생각하면 된다).

6 양쪽 구멍으로 끈을 엇갈리게 해서 넣는다.

7 끝은 구슬을 달아 장식한다.

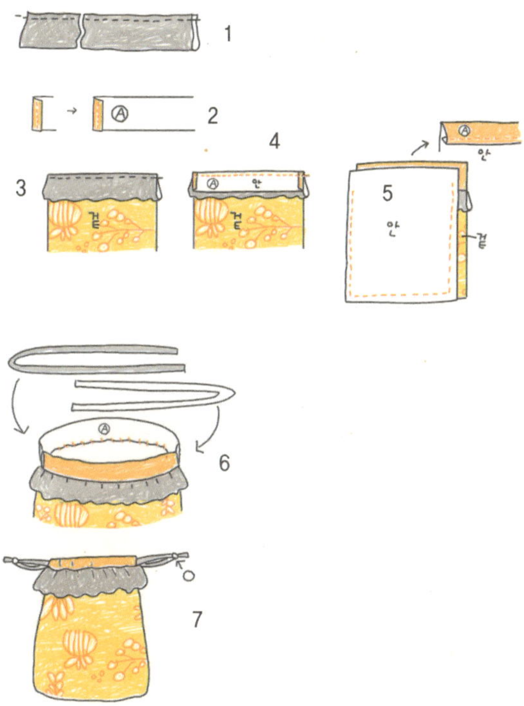

01 Yellow
→ Page 030

완성사이즈 25x40cm

토끼 인형과 워머

재료 겉감(타월지 1/2마), 프린트 천 약간, 방울솜, 펠트, 수실 약간 [시접은 모두 1cm]

토끼 인형

1 얼굴 앞면에 펠트로 눈을 달고(버튼홀 스티치) 입은 수를 놓는다. 코는 단추를 단다.

2 귀, 손, 발 만들기-앞과 뒤의 겉면끼리 맞대고 박음질한 후 뒤집는다.

3 귀의 아래쪽을 가운데로 접어 얼굴 앞면에 고정한다. 앞판과 뒤판을 겉끼리 맞대고 박음질한다(목 부분을 창구멍으로 남겨둔다).

4 솜을 넣고 창구멍은 공그르기한다.

5 펠트로 그림처럼 하트를 만들어 놓는다.

6 몸통도 얼굴과 마찬가지로 앞판과 뒤판을 겉끼리 맞대고(사이에 손과 발을 끼워 넣는다) 박음질 후 뒤집는다.

7 창구멍으로 솜과 함께 하트를 넣어준다.

8 몸통과 얼굴의 목부분을 맞대고 돌려가며 공그르기로 이어준다.

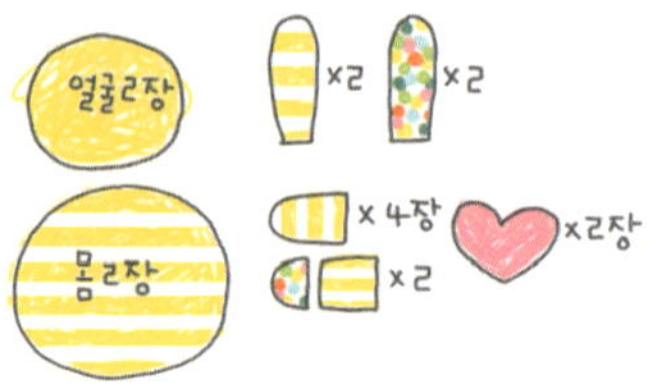

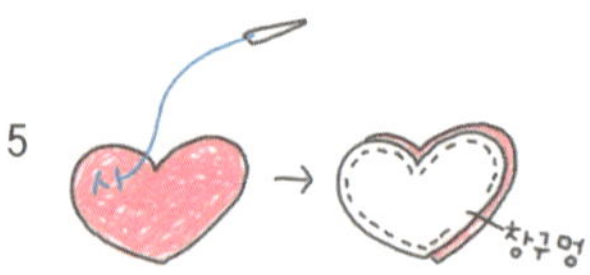

워머

1 Ⓐ와 Ⓑ를 박음질로 이어준다(타월지라서 올이 많이 풀리지는 않지만 깔끔한 걸 원할 시에는 시접을 오버록한다. Ⓑ의 윗면도 오버록).

2 세로로 가운데를 접어 박음질한다.

3 Ⓑ의 위쪽을 접어 겉에서 박음질한다(단 고무줄 넣을 창구멍은 남겨둔다).

4 창구멍으로 납작고무줄을 넣고 구멍은 공그르기로 마무리한다.

완성사이즈 11x28.5cm

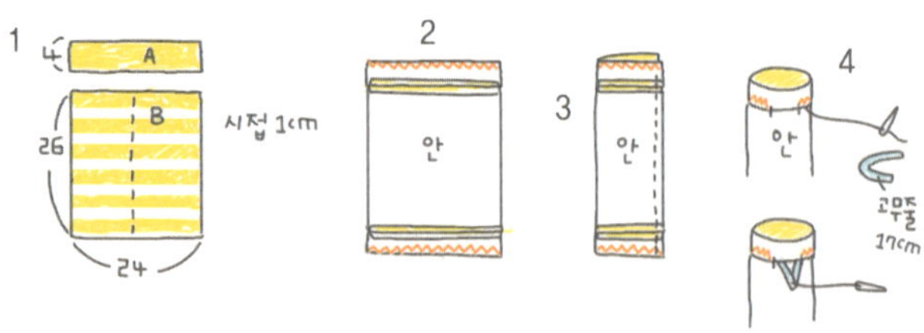

01
Yellow
Page 032

사이즈 12~18month

장식띠 원피스

재료 노란 무지 천 1/2마, 배색 천 약간씩, 리본테이프, 비즈, 지퍼

장식띠 만들기

1 사이즈대로 식서 방향으로 길게 재단한다.

2 숫자와 알파벳을 위치에 맞게 시침핀으로 고정시킨 후 감침질로 붙인다.

3 시접 부분을 안으로 접고 다림질한다.

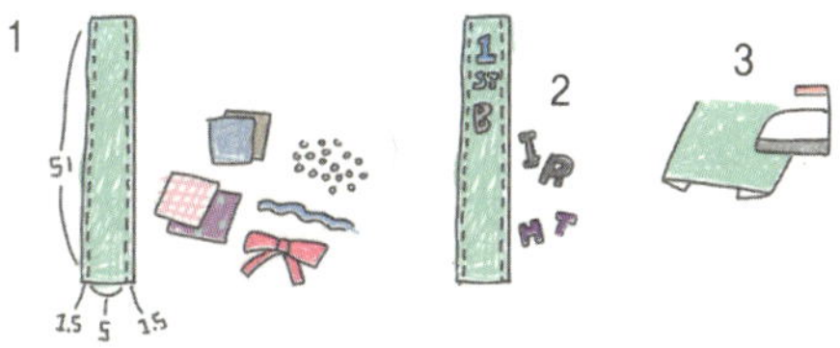

원피스 만들기

1 도안대로 재단한다(목과 어깨는 시접을 두지 않는다).

2 앞판에 장식띠를 대각선으로 놓고 시침질한 후 가장자리에 리본을 놓고 박음질한다.

3 실크 원단에 접착심지를 붙이고 토끼 모양으로 재단한다(시접 0.5cm).

4 앞판에 토끼와 선물을 아플리케한 후 가장자리를 비즈와 리본으로 꾸며준다.

5 앞판과 뒷판의 겉끼리 맞대고 어깨선을 박음질로 연결한다.

6 뒷중심의 시접을 안으로 접은 후 다림질하고 표시 부분까지 박음질한다.

7 뒷중심 겉면에 지퍼를 올려놓는다(지퍼를 옷 위에 달아 아이의 피부를 보호).

8 양쪽 옆면을 박음질한다(시접은 오버록).

9 외노루발을 사용하여 박음질로 지퍼를 단다.

10 목과 어깨는 바이어스 처리한다.

11 아랫단은 시접을 말아 접은 후 박음질한다.

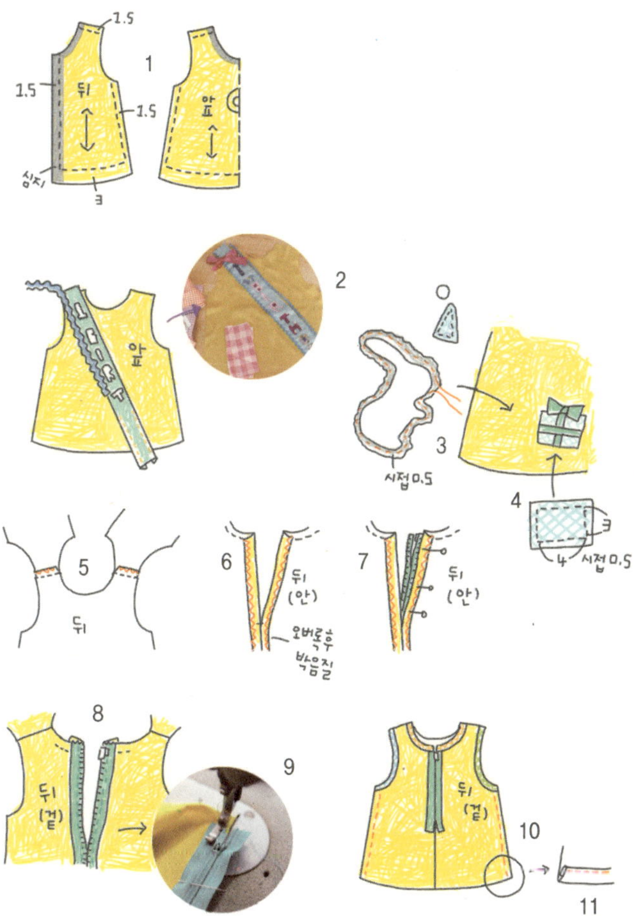

02
White
→ Page 040

완성사이즈 7.5x9.5cm

딸랑이 삼총사

재료 타월지는 색깔별로 조금씩, 수실, 방울솜

[시접은 모두 0.7cm]

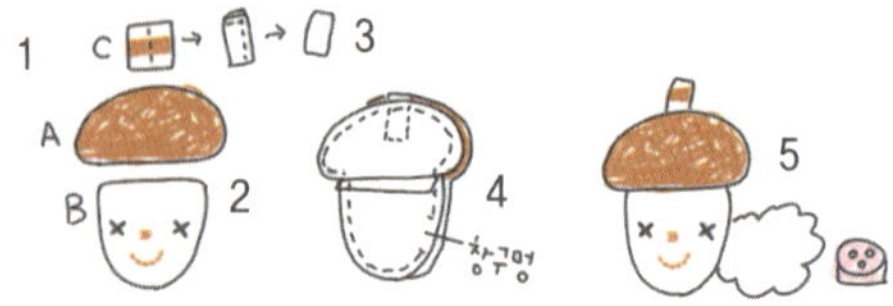

도토리

1 A와 B를 박음질로 연결한다. C는 'ㄷ' 자로 박아서 뒤집는다.

2 앞면에 수실로 눈, 코, 입을 수놓는다.

3 앞면의 시접과 C의 시접을 맞춘 후 홈질로 고정시킨다.

4 앞면과 뒷면의 겉끼리 맞대고 박음질한다(창구멍 제외).

5 뒤집은 후 창구멍으로 솜과 방울을 넣고 창구멍을 공그르기한다.

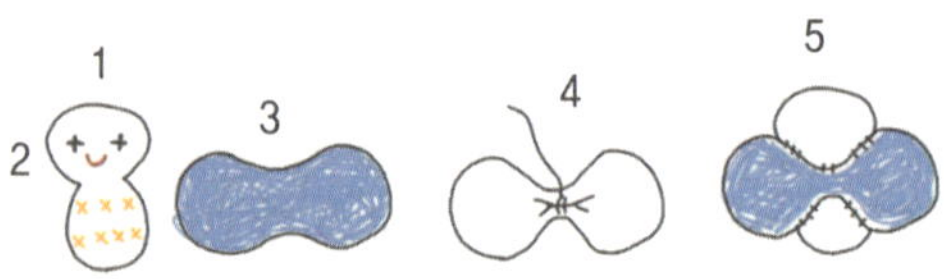

나비

1 앞면에 수실로 눈, 입 등을 수놓는다.

2 도토리처럼 방울과 솜을 넣어 몸통을 완성시킨다.

3 날개도 몸통처럼 겉끼리 맞대고 박음질한 후 뒤집어 창구멍을 막는다(솜은 넣지 않는다).

4 가운데 부분을 가로로 접어 주름을 만든다.

5 몸통 뒷면에 날개를 감침질로 붙인다.

버섯

1 A에 눈과 입을 수놓는다.

2 A,B를 각각 만들어 뒤집어 놓는다(도토리 참조).

3 솜과 방울을 넣는다.

4 A중앙에 B를 넣고 감침질로 연결한다.

02
White
Page 042

완성사이즈 39x8cm

기저귀 보관함

재료 겉감(흰색 무지 천), 안감(플라워 린넨), 자투리 프린트 천, 수실, 레이스 테이프, 솜

[시접은 모두 1cm]

1 사이즈대로 재단한다(시접은 1cm).
2 안감과 겉감을 겉끼리 맞대고 박음질해서 뒤집는다.
3 두꺼운 펠트를 넣고 딱지 모양으로 박음질한다(재봉틀 사용 시 외곽은 외노루발을 사용).
4 도안대로 아플리케와 수를 놓는다.
5 4면에 솜을 넣는다.
6 레이스 테이프를 가로로 접어 입구를 감는다. 홈질로 고정시킨다.
7 4면을 세운 후 모서리는 감침질한다.

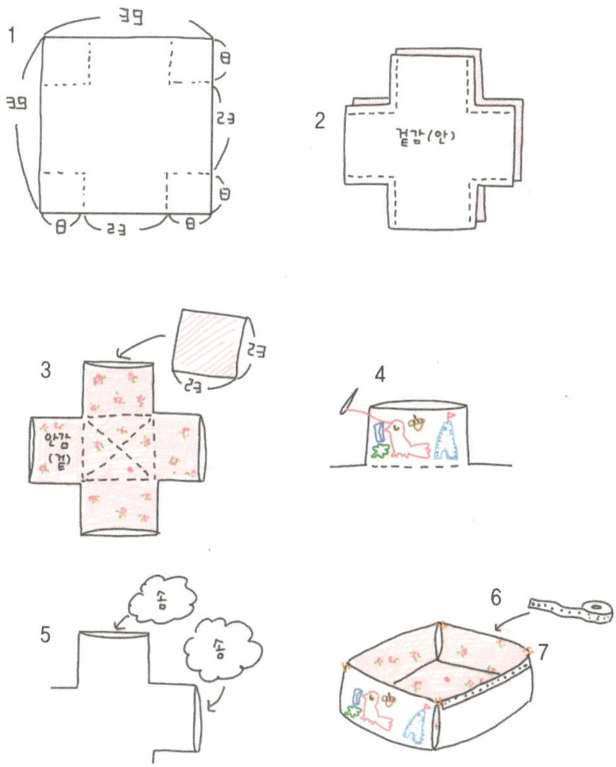

트림 도우미

완성사이즈 22x32cm

재료 겉감(오가닉 더블거즈), 안감(순면 패브릭 천), 바이어스용 천, 수실 [시접은 모두 0.7cm]

1 사이즈대로 겉감과 안감을 재단한다.
2 앞면에 수를 놓는다.
3 앞면과 뒷면을 시침질로 고정시킨다.
4 바이어스 처리한다(기본 바느질법 참조).

02. White
Page 044

사이즈 0~3month

배냇저고리&토끼 딸랑이

재료 오가닉 더블 면 1/2마, 꽃무늬 천, 방울솜, 방울, 수실

[시접은 옆선은 1cm, 소매는 2cm, 나머지는 없음]

배냇저고리

1 도안대로 그린 후 재단한다.

2 옆선박기(중간에 끈을 끼워 넣기)

3 시접은 0.3mm 남기고 자른다.

4 뒤집어서 겉면에서 0.5cm 홈질한다(신생아의 연약한 피부에 시접이 닿는 것을 방지한다).

5 소매 끝은 안으로 두 번 접어 홈질한다.

6 끈을 위치에 놓고 고정시킨다. 목과 앞면은 바이어스 처리한다. 바이어스는 보통 아래쪽, 뒤쪽에서 시작한다. 먼저 0.5cm 정도 접어서 몸판 위에 올린 다음 길게 박음질 한다. 몸판쪽으로 꺾어 접은 후 안쪽에서 공그르기한다.

토끼 딸랑이

1 도안대로 그려 재단한 후 얼굴과 손을 수놓는다.

2 귀를 만든다(겉끼리 박음질 후 뒤집어 놓는다).

3 몸판 겉끼리 맞대고(귀는 안쪽에 끼워 놓는다) 박음질한다.

4 뒤집고 창구멍으로 솜을 반쯤 넣은 후 방울을 넣고 나머지 솜을 마저 넣는다. 창구멍은 공그르기한다.

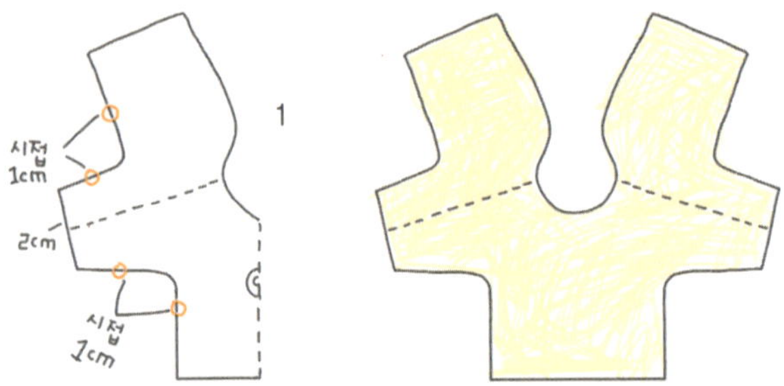

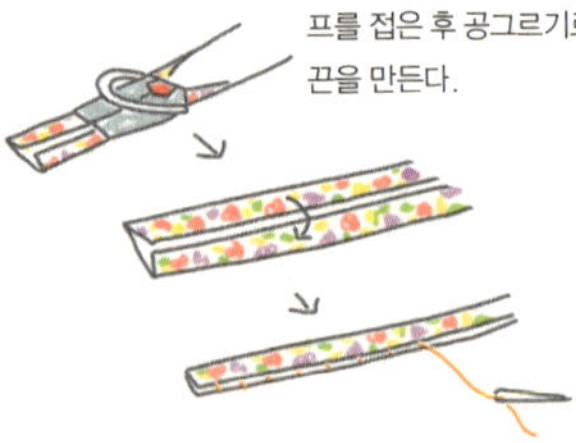

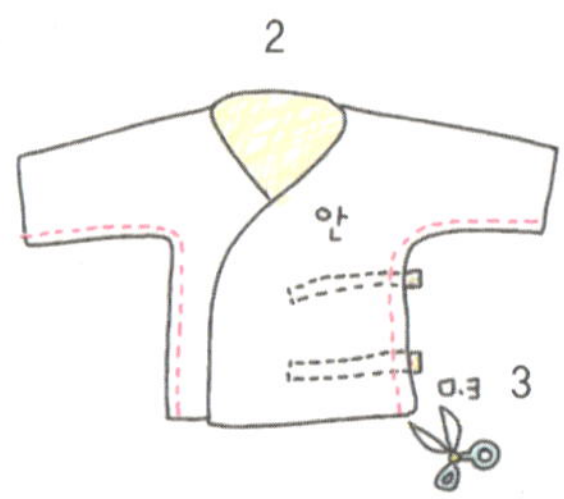

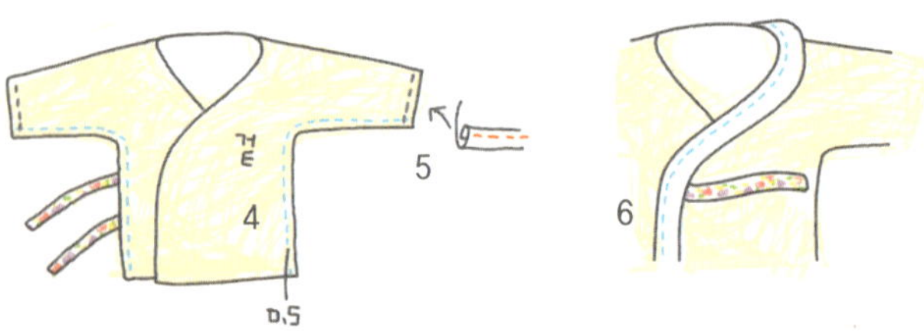

02
White
→ Page 046

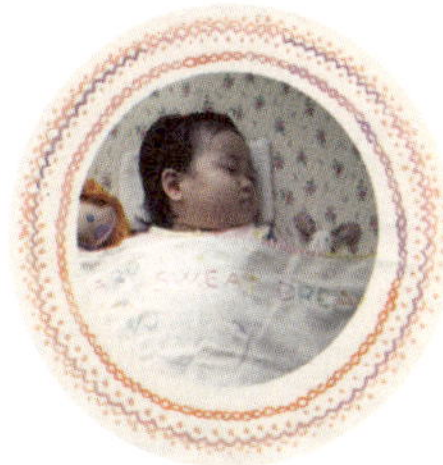

완성사이즈
이불 82x82cm, 베개 27X14.5cm

가벼운 낮잠 이불

재료 이불(천 기저귀 2장-82X82cm, 천 기저귀가 없으면 동일한 사이즈의 면을 준비), 베개(기저귀 1장), 수실 [시접은 1cm]

이불

1 천 기저귀 한 장 위에 그림과 글자를 수놓는다.
2 아래에 다른 한 장을 놓고 서로 따로 움직이지 않게 시침질한다(중앙에서 시작해서 외곽으로).
3 가장자리는 버튼홀 스티치한다.

베개

1 그림처럼 기저귀를 접는다..
2 위에 글씨를 수놓는다.
3 가장자리는 버튼홀 스티치한다.

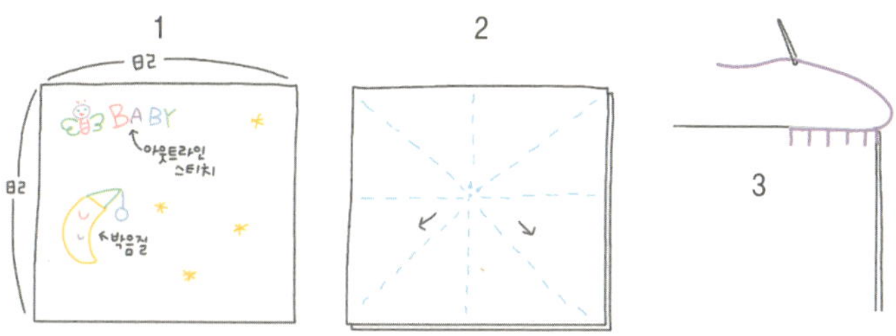

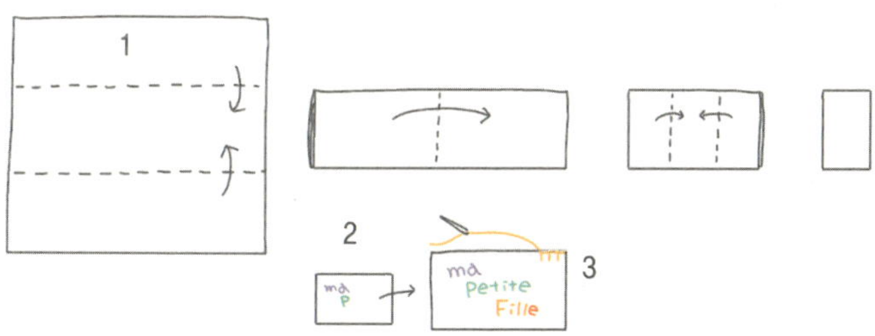

02
White
→ Page 048

사이즈 0~3month

조끼 보낭&요정모자

재료 프린트 타월지 1/2마, 레드 무지 천, 찍찍이

조끼 보낭

1 도안대로 그려 재단한다.

2 앞판과 뒤판을 겉끼리 맞대고 어깨선을 박음질한다(시접은 안쪽으로 접은 후 가름솔한다).

3 바이어스를 단다(몸판 겉면에 바이어스 겉면을 대고 박음질한 후 남은 면을 몸판 쪽으로 꺾어 접는다. 그런 다음 안쪽에서 공그르기로 마무리).

4 지퍼달기-시침핀으로 위치를 정한 후 안쪽에서 홈질한다.

5 지퍼 안쪽에 바대 달기-왼쪽 지퍼 아래 1cm 안으로 포개놓고 겉면에서 바이어스를 따라 길게 박음질한다(재봉틀 이용시 외노루발 사용).

6 옆선에서 밑단까지 박음질한다(시접은 오버록).

7 4X5cm(시접 0.5)를 접어 박은 후 뒤집어 직사각형을 만든다. 공그르기로 몸판에 단다.

8 한쪽에 찍찍이를 붙인다(박음질).

9 다른 쪽(바대가 달린 쪽)에도 찍찍이를 붙인다(박음질).

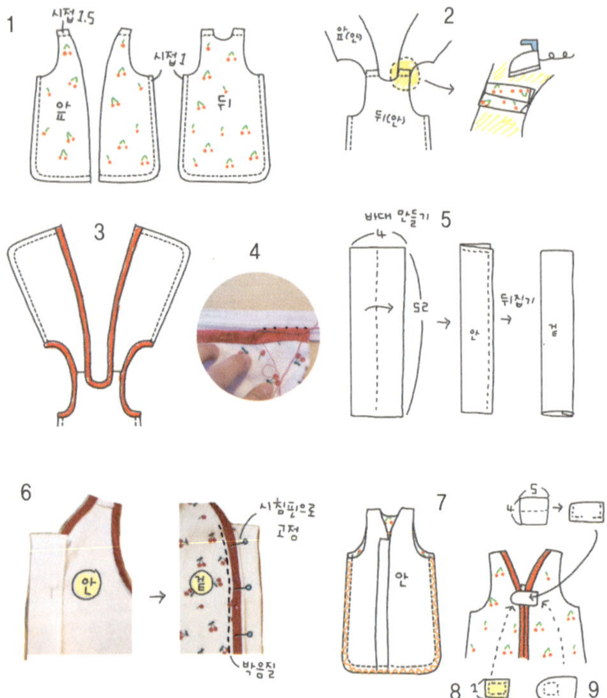

요정모자

1 겉끼리 맞대고 박는다(시접은 오버록).

2 빨간 천은 옆으로 접어 박음질한다.

3 위로 접어 다림질 해 놓는다.

4 모자 안쪽 위에 밑단에 맞춰 빨간 천을 놓고 바느질 선을 따라 박음질한다(시접은 오버록).

5 모자를 겉면으로 뒤집은 다음 단을 접어 올린다.

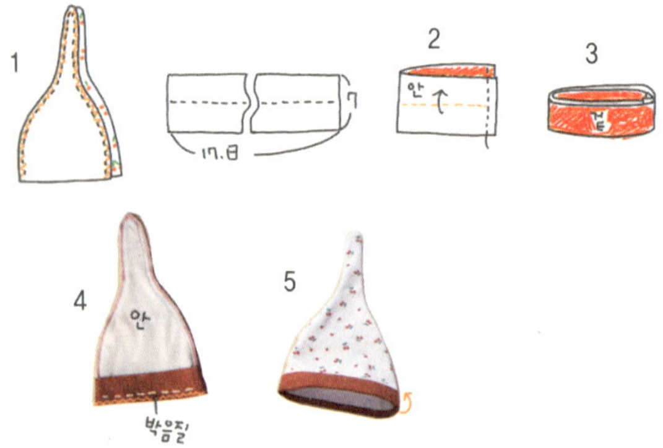

02
White
→ Page 050

사이즈 0~3month

세례 가운&보닛

재료 항균 면 1마, 비즈, 접착심지, 레이스 리본테이프, 스냅단추, 비즈, 토숀 레이스

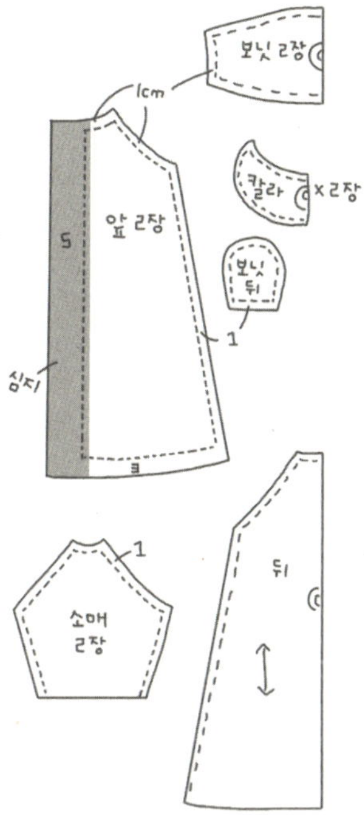

보닛

1 몸판A의 뒷부분은 홈질로 주름을 잡는다.

2 B와 겉끼리 맞대고 박음질한다(안감도 마찬가지).

3 레이스리본과 끈을 몸판 겉면에 놓고 시침질한 후 겉감과 안감을 겉끼리 맞대고(사이에는 레이스와 끈을 끼운다) 박음질한다.

4 뒤집은 후 창구멍은 공그르기하고 보닛 앞쪽은 진주빛 비즈를 촘촘히 단다.

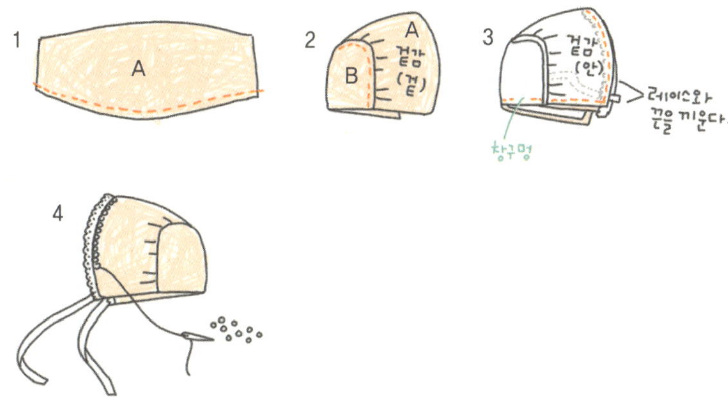

칼라 만들기

1 겉감은 식서 방향, 안감은 바이어스 방향으로 재단한다(겉감의 뒷면에는 접착심지를 붙인다).

2 리본은 도안대로 자르고 시접은 접어 다림질해 놓는다.

3 두 장을 겉끼리 맞대고 박음질로 연결한 후 뒤집어 다림질한다.

4 리본을 아플리케(공그르기)하고 다린 후 가장자리에 비즈를 촘촘히 붙인다. 리본 안쪽은 마름모 모양이 되도록 홈질한다.

5 아랫면을 따라 송송송 홈질한다.

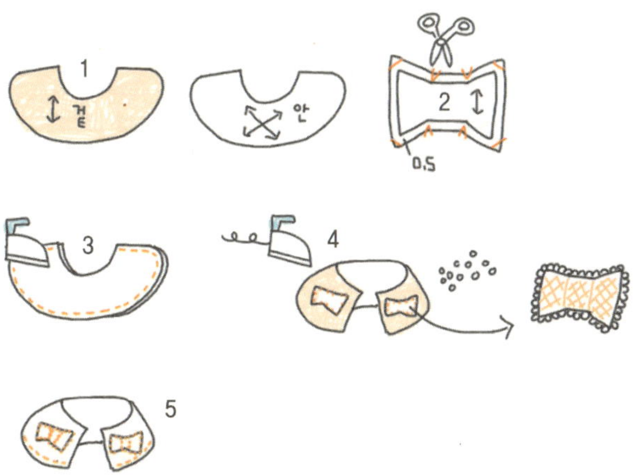

02
White
Page 050

세례 가운

1 앞판과 소매를 연결한 후 뒤판도 박음질로 연결한다.
2 소매와 앞판 연결 부분, 소매와 뒷판 연결 부분을 홈질한다(안쪽 시접과 함께 홈질한다–눌러박기 효과).
3 소매끝부터 옆선까지 박음질.
4 몸판, 칼라, 바이어스를 그림처럼 순서대로 놓고 박음질한다.
5 목둘레 바이어스는 안쪽으로 꺾은 후 공그르기한다.
6 소맷단은 두 번 접어 박음질한다.
7 앞중심에 똑딱단추를 달아준다.
8 소맷단과 앞중심에 토숀 레이스를 길게 달아준다.
9 끝단은 두 번 접어 박음질한다.

1
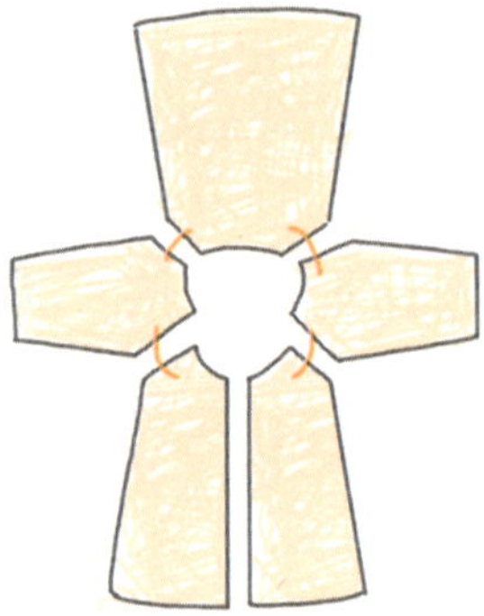

2
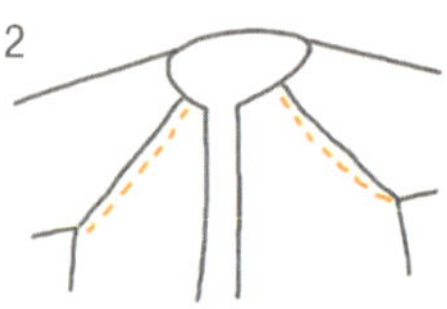

3

4

5

6
7
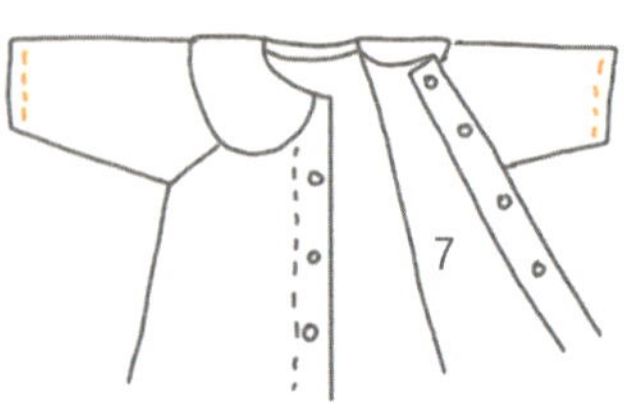

8
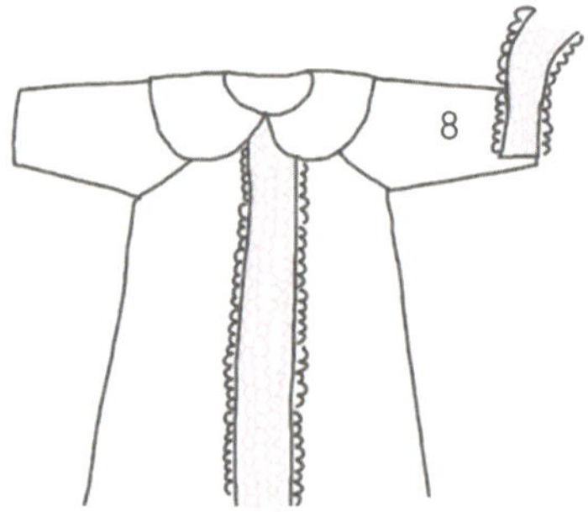

9
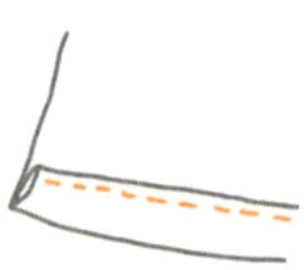

03
Red
→ Page 058

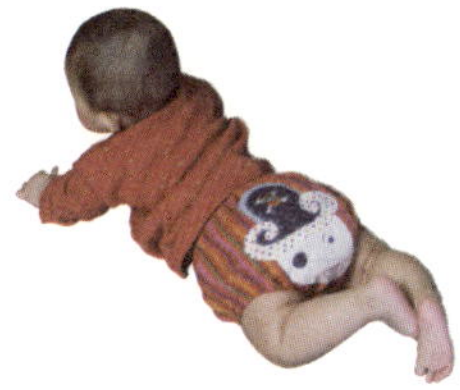

사이즈 0~3month

블루머 블루머

재료 스트라이프 면 1/4마, 자투리 천 몇 가지, 수실, 납작 고무줄 40cm

1 뒷판에 해적 얼굴과 모자를 아플리케한다.

2 순서대로 얼굴에 눈과 안대, 입을 만들어 주고 모자의 챙과 해적표시를 아플리케한다.

3 반으로 접어 옆선을 박고 시접은 오버록한다.

4 허리선은 안으로 꺾고 시접은 안으로 접어 박음질한다(고무줄이 들어가야 하므로 4cm 정도 남긴다).

5 고무줄을 넣고 창구멍을 박음질이나 감침질로 막는다. 다리 부분(고무줄 길이-25cm)도 같은 방법으로 만든다.

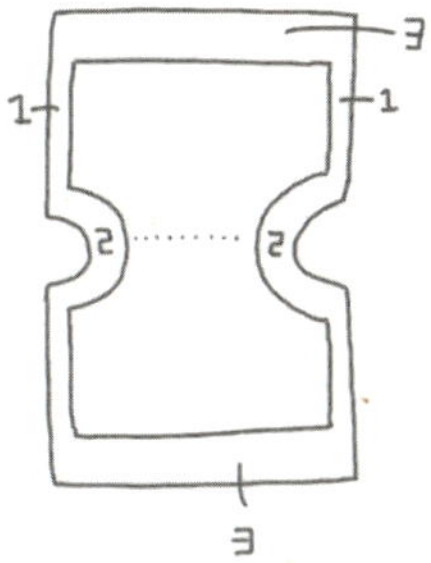

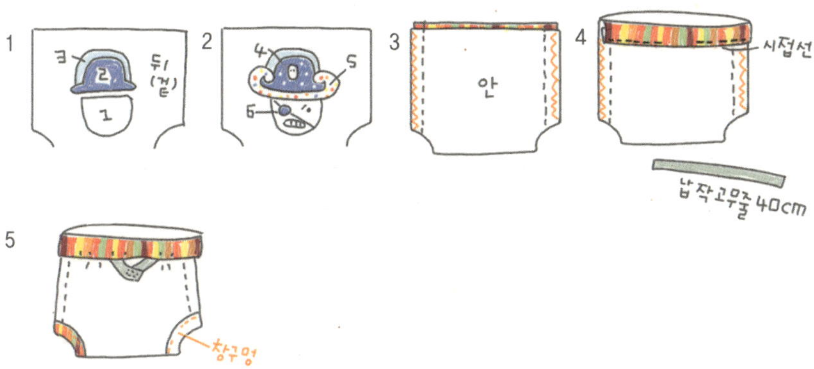

03
Red
→ Page 060

완성사이즈 27.5X26cm

레드 러플 턱받이

재료 오가닉 면 1/8마, 망사 1/2마, 빨간 천 조금, 수실 약간, 찍찍이, 고무줄 22cm [시접은 0.5cm]

1 오가닉면은 도안대로 재단하고 망사는 길게 잘라 홈질로 주름을 잡아 놓는다.

2 끈은 접어 ㄴ모양으로 박음질하고 뒤집는다.

3 고무줄을 넣는다. 양 끝은 천과 고무줄을 함께 홈질로 고정시켜 놓는다.

4 앞판에 사과 모양의 아플리케를 하고 수를 놓는다.

5 앞판에 러플을 시침핀으로 고정시킨다.

6 앞판과 뒷판의 겉끼리 맞대고 박음질한다.

7 창구멍을 공그르기하고 끈에 찍찍이를 단다.

1

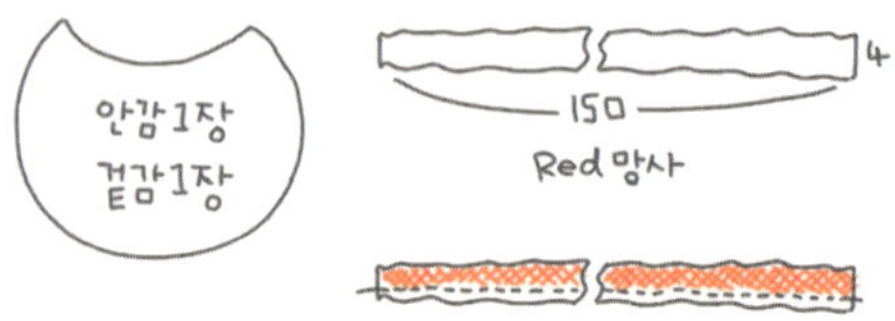

2

4

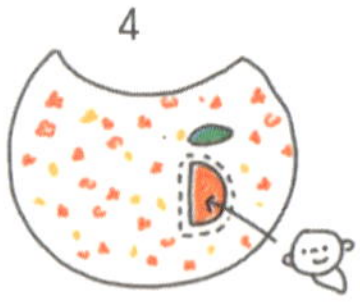

5

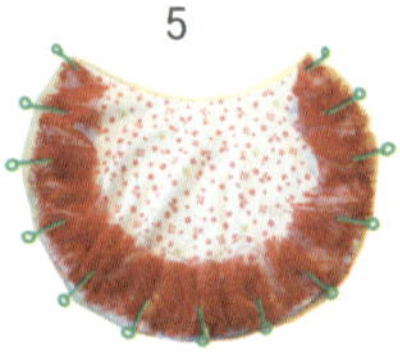

6

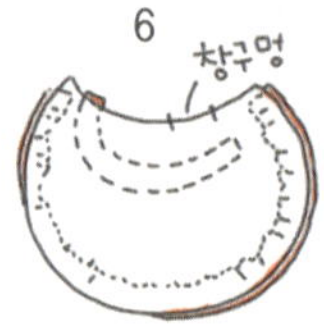

7

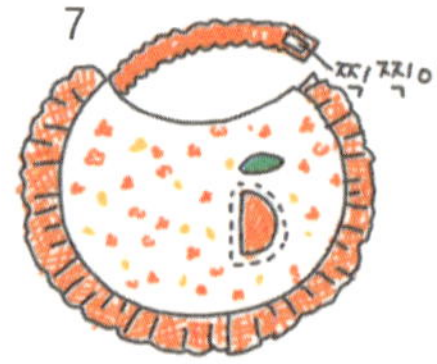

03
Red
→ Page 061

완성 사이즈 22.5X19cm

곰돌이 턱받이

재료 앞판(니트 스트라이프 면 1/8마), 뒤판(빨간 무지 천 1/8마), 빨간색 리본테이프 ,수실 [시접은 0.5cm]

1 주머니 앞판에 도안대로 수를 놓는다.

2 두 장을 겉끼리 맞대고 박음질한 후 뒤집어 다림질한다(창구멍은 공그르기).

3 앞판에 주머니를 공그르기로 달고 리본테이프를 위치에 맞게 고정시킨 후 뒤판과 겉끼리 맞대고 박음질한다.

4 창구멍을 통해 뒤집고 창구멍은 공그르기한다.

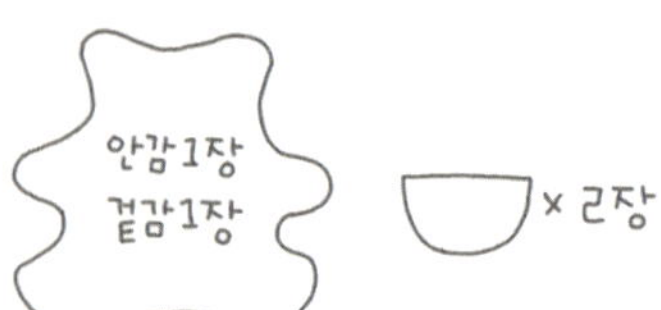

1

2

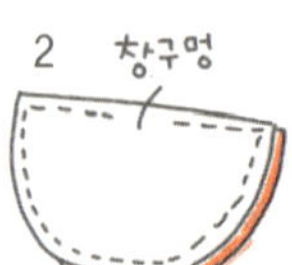

3

4

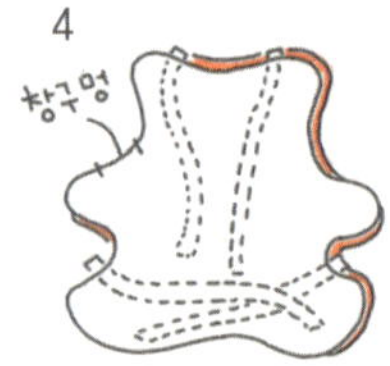

03
Red
→ Page 062

완성사이즈 49X63cm

완성사이즈 23X20cm

체인징 패드

재료 겉감 1/2마, 안감(라미네이팅 1/2마), 패딩솜(1/2마), 여러 종류의 자투리 천들, 수실, 단추, 고무줄 4cm

1 겉감과 안감을 사이즈대로 재단한다.
2 패딩솜 위에 겉감을 놓고 그 위에 여러 가지 천들을 덧대어 꾸며준다.
3 패딩솜의 시접은 바짝 잘라준다.
4 겉감과 안감의 겉끼리 마주대고 그 사이에 고무줄(약 4cm)을 넣고 박음질한다. 뒤집기 전에 위쪽 모서리 부분들은 가위집을 내어준다.
5 창구멍은 공그르기하고 1의 수치대로 박음질한다.
6 그림의 순서에 맞게 접는다.
7 고무줄 위치를 표시한 후 단추를 단다.

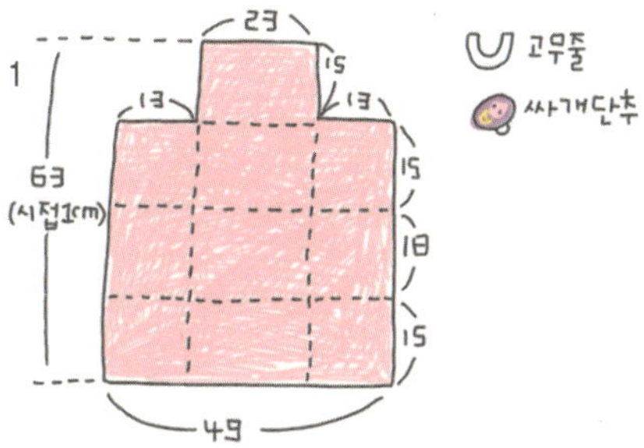

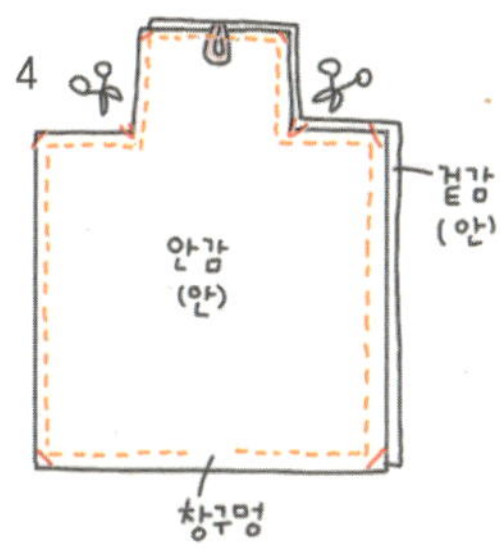

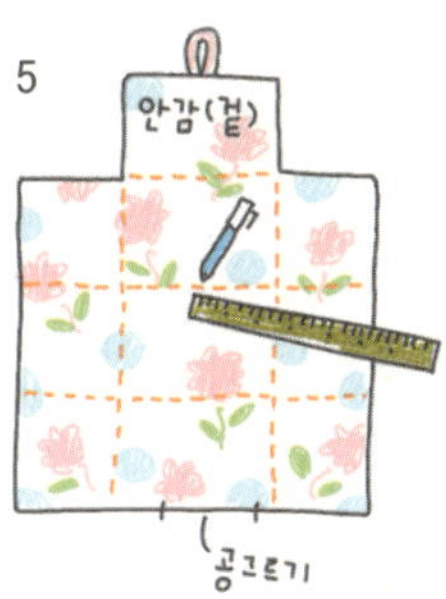

03

Red

→ Page 064

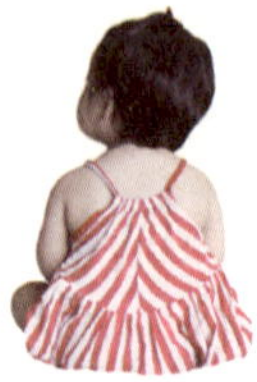

사이즈 12~18month

점프슈트

재료 스트라이프 천, 빨간 천, 똑딱단추, 고무줄 30cm, 끈 12cm(2개)

1 앞면 다트는 접어 박는다.

2 시접은 안으로 넣어 박는다.

3 뒷면은 0.5cm 시접을 접어 박음질하고 고무줄을 넣는다.

4 양 끝은 고정박기한다.

5 앞면 바지의 허리 부분을 홈질한다. 한쪽 끝을 잡아당겨 주름을 잡는다.

6 위와 아래를 겉끼리 맞대고 박음질한다. 시접은 오버록해서 위쪽으로 올린다(뒷면도 앞면과 동일하게 만들어 놓는다).

7 앞과 뒤의 옆선을 연결하고 그림처럼 끈(약 17cm)으로 앞면과 뒷면을 연결한다.

8 어깨선은 바이어스 처리한다.

9 아랫단의 다리 부분도 고무줄(약 22cm)을 넣어 끝은 고정박기한다(3, 4번 참조).

10 중앙은 바이어스 처리하고 똑딱단추를 달아준다.

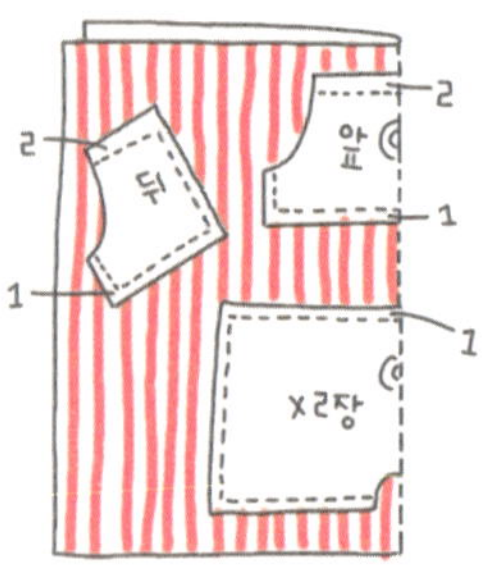

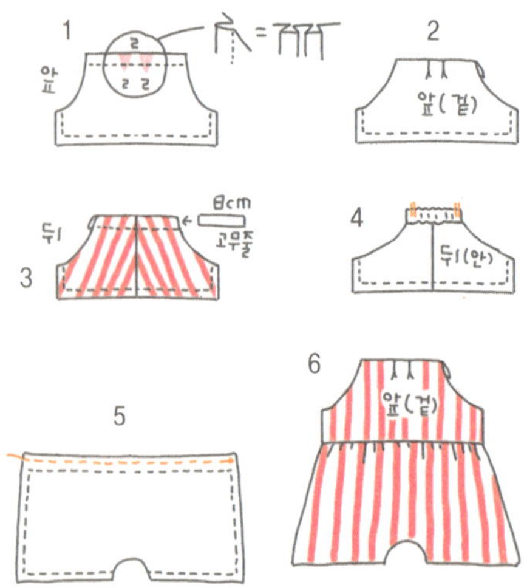

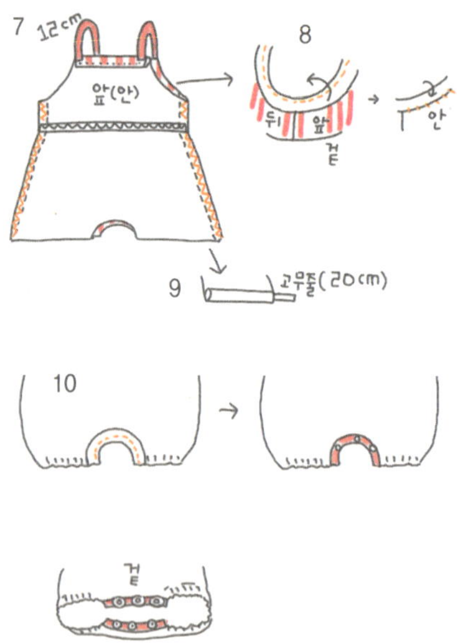

03
Red
Page 066

사이즈 12~18month

빨간 보닛&드레스

재료 빨간 면 1마, 프린트 면 1/4마, 접착심지, 단추

1 칼라는 앞과 뒤를 연결한다. 뒷면도 동일하게 만들어서 앞면과 겉끼리 맞대고 그림처럼 목둘레와 앞중심을 박음질로 연결한다(한쪽에 심지를 붙인다).

2 뒤집어 다림질한다.

3 먼저 소매의 앞과 뒤를 연결한 후 앞몸판, 뒷몸판 순으로 박음질로 연결한다(시접은 모두 두겹 오버록).

4 겉끼리 맞대고 소매끝에서 옆선 아래까지 박음질한다(시접은 오버록). 목 둘레는 홈질로 주름을 잡는다.

5 앞 중심은 오버록한다.

6 몸판의 겉과 칼라의 겉을 맞대고 박음질로 연결한다(단 칼라의 안쪽 시접은 제외).

7 소매의 시접은 안으로 두 번 접어 박음질하고 고무줄을 넣는다(창구멍은 공그르기).

8 칼라의 안감 시접을 접어 공그르기한다.

9 앞 중심에서 1cm 들어간 위치에 단추를 단다.

***보닛**은 208p 〈티파티 드레스-선보닛〉을 참조하세요. 원단만 다를 뿐 사이즈와 만드는 법은 동일합니다.

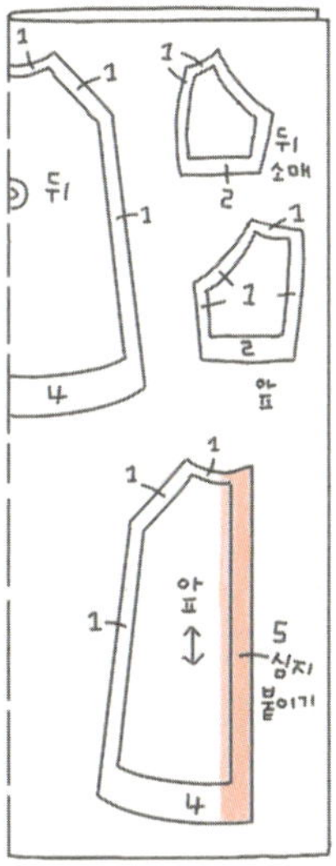

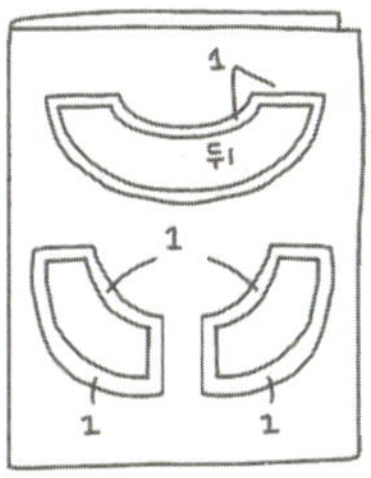

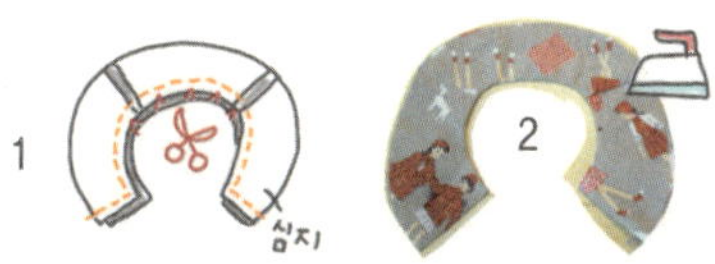

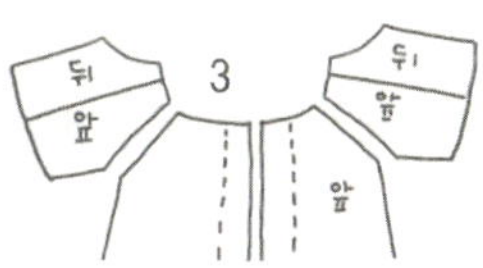

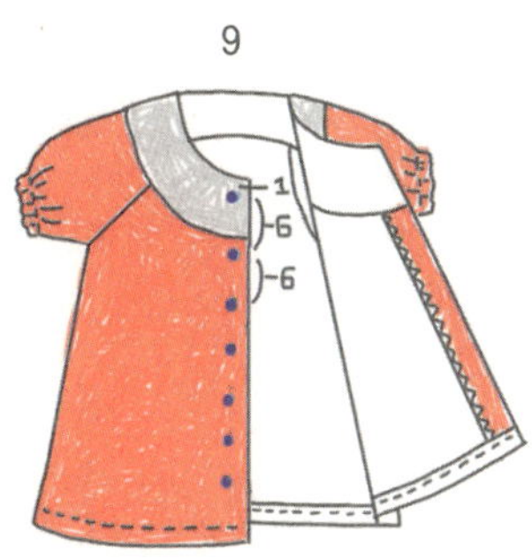

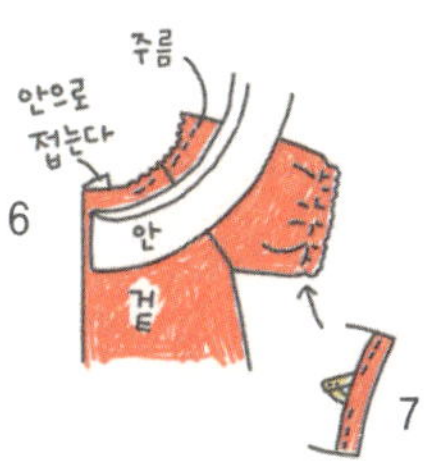

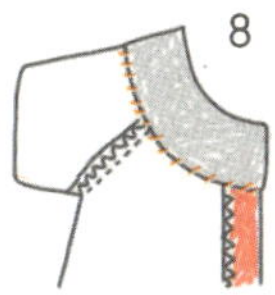

04
Blue
→ Page 074

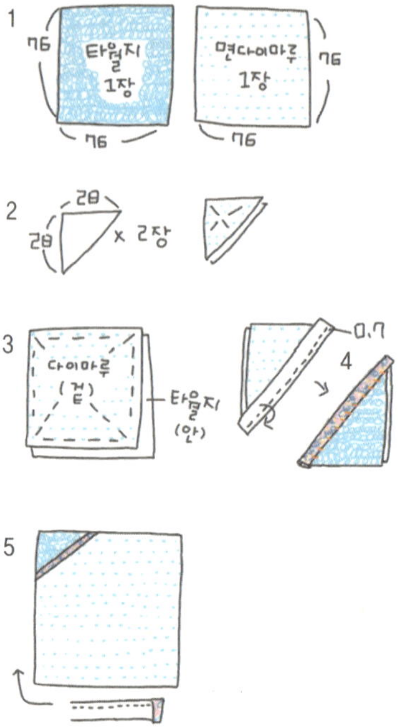

샤워타월

재료 겉감(타월지), 안감(다이마루), 꽃무늬 천 [시접은 모두 0.7cm]

완성사이즈 76X76cm

1 사이즈대로 재단한다.

2 머리 덮개용 천은 삼각형으로 재단하여 겉감과 안감을 안끼리 맞대고 크게 시침질한다.

3 몸판 또한 안끼리 맞대고 크게 시침질한다(시침질은 중앙부터 외각으로).

4 사선 부분을 바이어스 처리한다.

5 몸판 위에 머리 덮개용 천을 놓고 둘레는 바이어스 처리한다.

04
Blue
→ Page 074

플라워 스커트

재료 플라워 천 1마, 분홍색 천, 고무줄 40cm [시접은 치맛단 3cm, 나머지 1cm]

사이즈 12~18month

1 사이즈대로 재단한다.

2 허리벨트는 접어서 박음질하고 치마 몸판도 앞과 겉을 맞대고 박음질로 연결한다(시접은 오버록).

3 치마의 겉감에 벨트의 겉을 맞대고 박음질로 연결하고 벨트의 위쪽 시접을 접어 다린다.

4 벨트를 안으로 꺾은 후 겉면에서 0.5cm 간격으로 눌러박기한다.

5 고무줄을 넣고 창구멍은 공그르기한다.

6 허리벨트 양 옆을 ㅁ모양으로 박음질해서 고무줄을 고정시키고 치맛단은 두 번 접어 박음질한다.

04
Blue
→ Page 077

완성사이즈 21X21cm

파랑새 모빌

재료 나무 수틀, 두꺼운 종이, 양면 테이프, 털실 약간씩, 종이 테이프, 회색 펠트, 꽃무늬 천, 리본끈

1 두꺼운 종이(택배상자를 활용하면 좋다)를 새 모양으로 오린다.

2 털실로 새를 촘촘히 감는다(이때 미리 양면 테이프를 붙여놓으면 감기 편하다).

3 코바늘로 날개를 만든다(9코, 짧은뜨기 2번-긴뜨기 3번-다시 짧은뜨기 2번). 코바늘에 자신이 없다면 연두색 펠트를 오려 붙여도 된다.

4 나무 수틀 안쪽에 무늬가 있는 종이 테이프를 붙인다.

5 폼폼이-두꺼운 종이 지름 4cm의 원을 만든 후 중앙에 그림처럼 길게 홈을 낸다. 가운데를 기준으로 털실을 적당히 감아준 뒤 원의 가장자리를 가위로 자른다. 실을 조심스레 종이에서 분리한 후 가운데를 같은 색 실 한가닥으로 묶어준다. 동그랗게 가위로 다듬어 준다.

6 회색 펠트를 지름 4cm 원 모양으로 자른 후 가장자리는 버튼홀 스티치한다.

7 수틀에 만들어 놓은 새를 달고 폼폼이와 펠트도 본드나 글루건을 이용해서 붙인다. 자투리 천이 있다면 길게 잘라 한쪽 끝에 묶어준다.

코바늘 뜨기

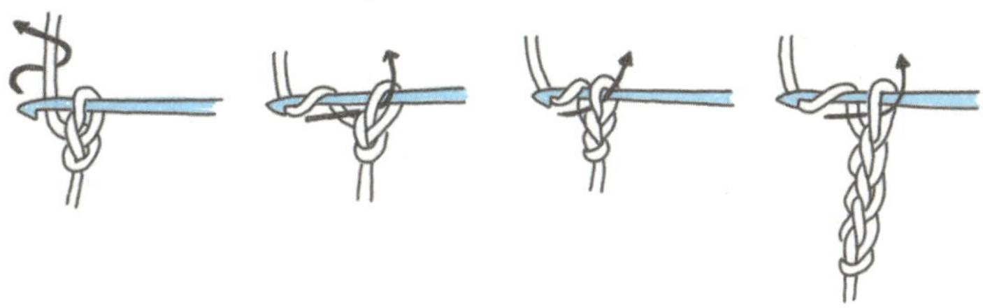

04
Blue
→ Page 078

호박바지 세트

사이즈 12~18month

재료 스트라이프 천 1/2마, 블루 아사면 원단 1/2마, 단추, 허리 고무줄 40cm, 다리 고무줄 25cm

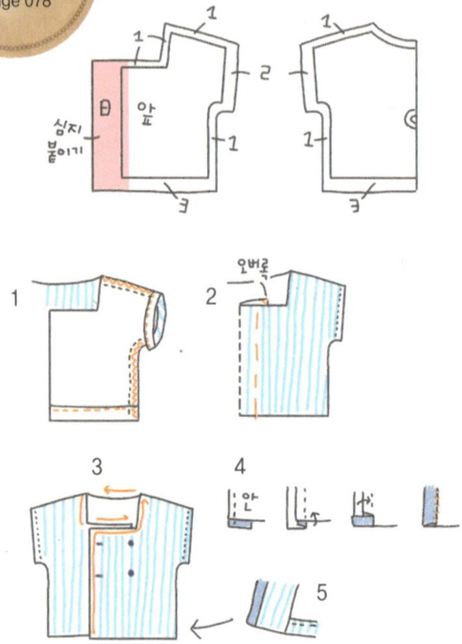

셔츠

1 앞과 뒤의 어깨를 연결하고 시접은 두 겹 오버록으로 처리한다. 소매와 아랫단은 두 번 접어 박음질한다.

2 앞중심은 시접을 오버록 후 안으로 꺾어 시침질한다.

3 앞중심과 목을 길게 바이어스 처리한다.

4 바이어스는 그림처럼 앞중심 아랫단부터 시작한다.

5 안쪽은 그림과 같은 모양이 된다.

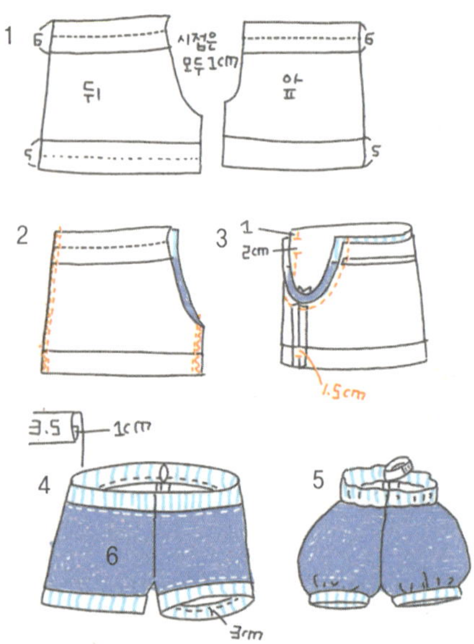

바지

1 허리벨트와 아랫단을 연결시킨다.

2 옆선 시접은 두 겹 오버록, 중심선 시접은 한 겹 오버록으로 가름솔한다.

3 바지 한쪽을 뒤집어 다른 쪽에 겉끼리 맞닿도록 넣고 밑위를 박는다(창구멍은 2cm 남겨둔다).

4 허리벨트는 안으로 꺾고 시접을 접은 후 겉에서 박음질한다. 아랫단도 마찬가지.

5 고무줄을 넣고 창구멍은 공그르기한다(허리 고무줄 40cm, 다리 고무줄 25cm). 허리 양끝은 ㅁ자 모양으로 박음질해서 고정시킨다.

04
Blue
Page 080

사이즈 6~12month

양면조끼

재료 겉감(기모 원단 1/2마), 안감(면저지 1/2마), 수실

1 안감을 꾸민다. 겉감에 예쁜 무늬가 있다면 오려서 안감에 버튼홀 스티치를 이용하여 붙이자. 옆에 아이의 이름도 곱게 수놓아 준다.

2 안감과 겉감의 겉을 맞대고 박음질로 연결한다(창구멍 5cm 제외).

3 곡선 부분은 가위집을 내고 뒤집는다.

4 어깨를 앞판과 뒷판이 연결되도록 바깥쪽에서 공그르기한다.

5 창구멍은 공그르기로 막아주고 단추 위치에 가시도트를 달아준다.

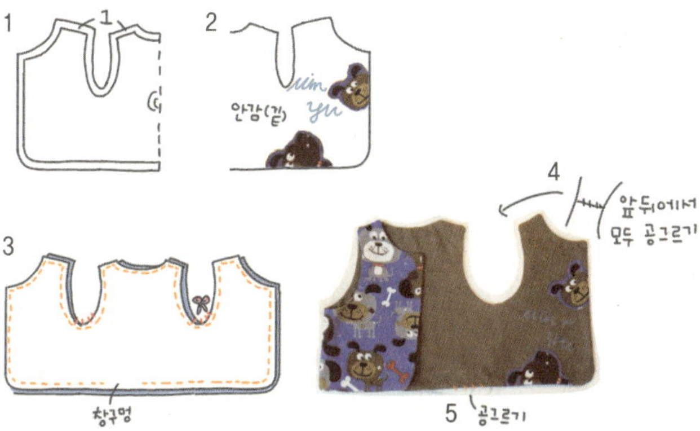

04
Blue
Page 081

완성사이즈 8.5X4cm

보타이

재료 프린트 천, 고무줄

1 사이즈대로 2장을 재단한다.

2 삼등분하여 가운데로 접고 양끝을 박음질한다.

3 모서리의 시접은 자르고 뒤집은 후 다림질한다.

4 중앙에 묶는 끈도 사이즈대로 재단한 후 가운데로 접고 한 번 더 접은 후 감침질한다.

5 1에서 재단한 나머지 한 장도 가운데로 접고 그림처럼 박음질한다.

6 모서리의 시접을 자르고 뒤집은 후 다림질한다.

7 3과 6을 차례로 겹쳐서 중앙을 한 번 묶어준다. 그 위에 고무줄을 놓고 4로 다시 한 번 감는다. 마무리는 감침질.

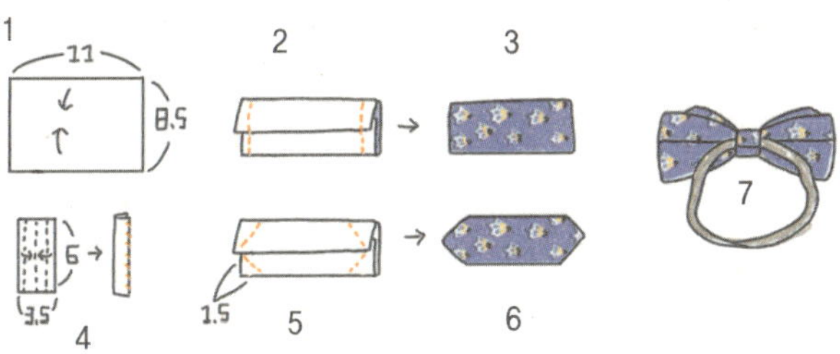

04
Blue
Page 082

세일러 네임 원피스

재료 스트라이프 천 1마, 흰면 1/4마, 토숀 레이스
수실, 매직 캔버스, 콘실지퍼

사이즈 12~18month

1 견반에 아이의 이름을 수 놓는다.
('매직 캔버스' 를 이용하면 편리하다. 이용법-천 위에 매직 캔버스를 원하는 크기로 잘라 올린 후 수를 놓는다. 수가 완성되면 미지근한 물에 담근다. 매직 캔버스가 녹으면 다림질 해준다).
2 앞판과 뒤판의 어깨선과 옆선을 박음질로 연결한다.
3 시접은 오버록하고 뒷중심선은 도안에 표시된 만큼 박음질한다.
4 콘실지퍼를 단다(기본 바느질법 참조).
5 그림처럼 견반 앞(안쪽이 위로)-치마몸판(안쪽이 위로)-견반 뒤(겉면이 위로) 순서로 놓고 중심선과 목둘레선을 박음질로 연결한다.
6 견반 옆면과 아랫면은 공그르기하고 레이스로 꾸며준다.
7 어깨는 바이어스 처리한다(기본 바느질법 참조).
8 아랫단은 두 번 접어 박음질한다.

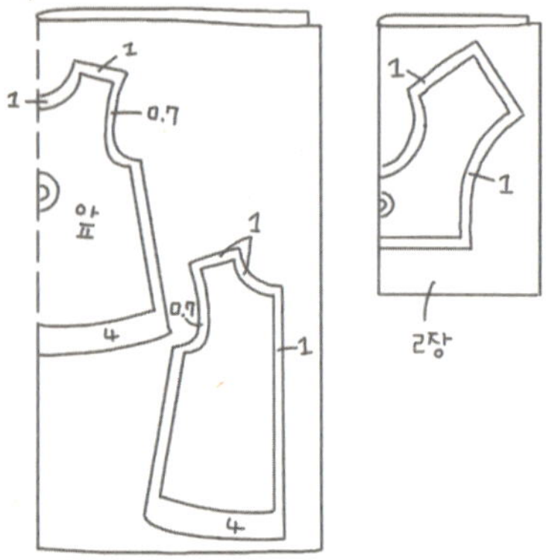

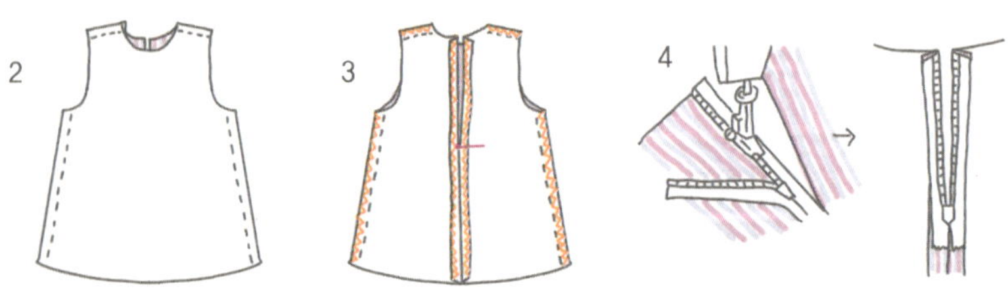

05
Pink
→ Page 088

사이즈 12~24month

라미네이팅 턱받이

재료 꽃무늬 라미네이팅 원단(1/2마), 체크 천, 찍찍이

1 어깨만 시접을 1cm 두고 재단한다.

2 a와 A, b와 B를 각각 겉을 맞대고 박음질로 연결한다.

3 주머니는 위 시접을 2cm 두고 안으로 두 번 접어 박음질해 놓는다.

4 어깨 시접은 그림처럼 쌈솔한다.

5 바이어스를 길게 만들어 몸과 암홀의 시접을 처리한다.

6 뒷중심에 박음질로 찍찍이를 붙인다.

7 주머니는 버튼홀 스티치로 달아준다.

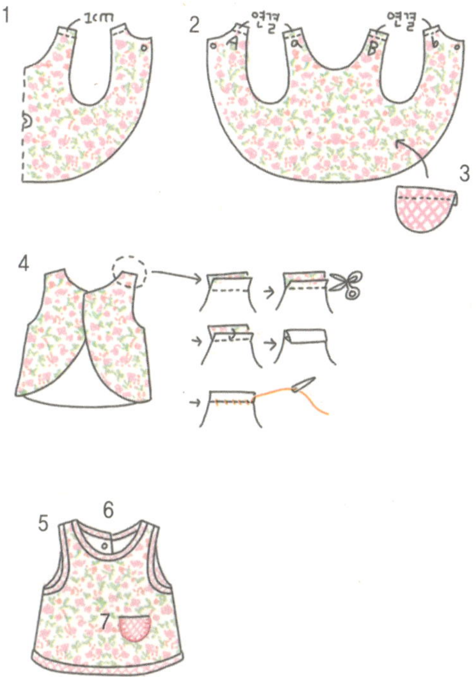

05
Pink
Page 090

사이즈 12~24month

단정한 셔츠 2종

재료 핑크 천 1/2마, 흰색 천, 바이어스 천, 단추

1 도안대로 재단한 후 겉과 겉을 마주대고 어깨와 옆선을 차례로 연결한다(시접은 두 겹 오버록한다. 앞중심선도 오버록 처리해 놓는다).

2 칼라는 겉끼리 맞대고 그림처럼 박음질한 후 시접은 짧게 잘라준다. 뒤집은 후 다림질한다.

3 앞중심선을 그림처럼 접은 후 밑에 칼라를 놓는다.

4 맨 위에 바이어스를 놓고 목둘레를 박음질한다.

5 안으로 뒤집어 바이어스는 공그르기한다.

6 소매의 핑크(윗쪽 Ⓐ)와 흰색(아랫쪽 Ⓑ) 부분을 박음질로 연결하고 소매산은 홈질로 자연스런 주름을 만들어 놓는다.

7 소매의 옆선을 박는다(시접은 한겹 오버록 후 가름솔).

8 소매의 아랫부분을 반으로 접은 후 시접을 넣고 겉에서 박음질한다(재봉질에 자신이 없다면 안에서 공그르기).

9 소매와 몸통을 겉끼리 맞대고 연결한다. 소매를 달 때는 옆선부터 시작해서 끊지말고 한 번에 박음질한다. 초보인 경우에는 미리 시침실로 크게 손바느질한 후 그대로 재봉질해도 좋다. 이때 곡선이라고 시침핀을 너무 많이 꼽으면 오히려 울퉁불퉁한 소매가 나올 수 있으니 주의하자.

10 아랫단은 두 번 접어 박음질하고 단추는 중심에서 1cm 안쪽에 단다.

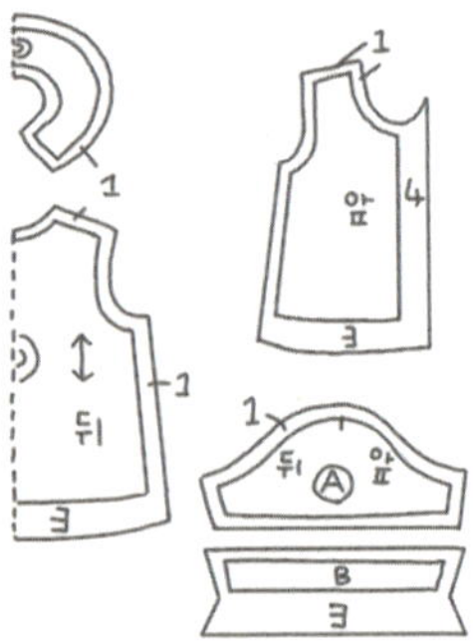

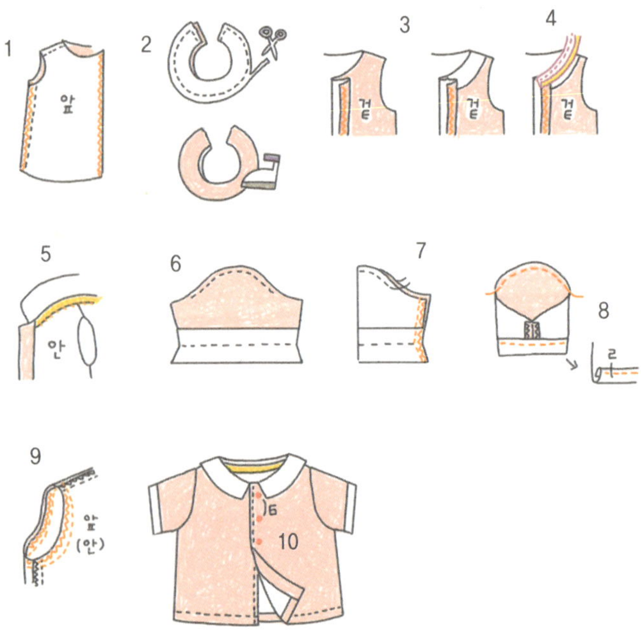

05
Pink
→ Page 092

사이즈 6~12month

따뜻한 모자

재료 핑크 면 벨로아, 프린트 천 [시접은 모두 0.7cm]

1 위와 아래를 연결하고 시접은 오버록 후 아래에 둔다.
2 접어 박음질하고 시접은 한겹 오버록 후 가름솔한다.
3 끈은 그림처럼 접어 공그르기해서 2개를 만든다.
4 몸통과 무늬 천의 겉끼리 맞댄 후 사이에 끈을 넣고 박음질한다.
5 뒤집은 후 무늬 천의 시접은 접어 공그르기한다.
6 머리 위쪽은 십자 모양으로 박음질한다.

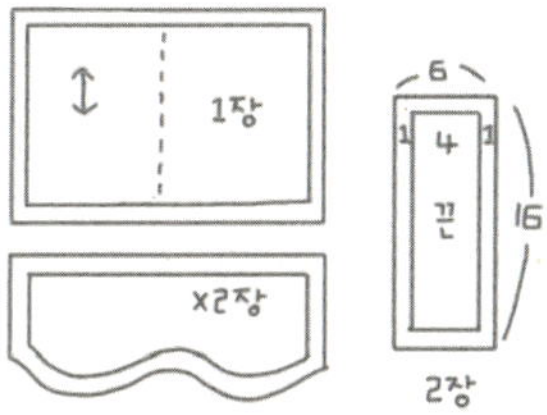

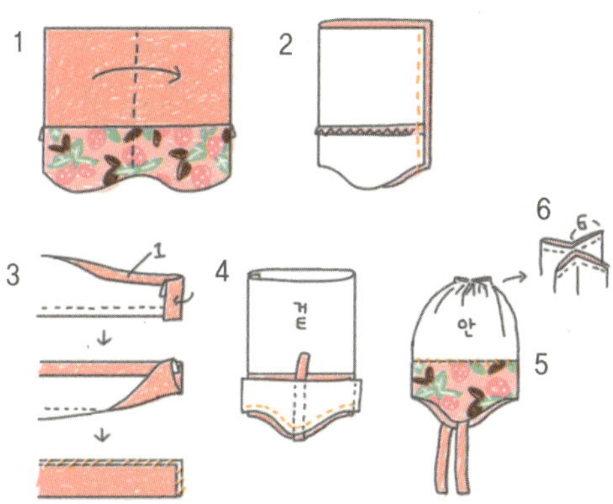

완성사이즈 12X38.5cm

나비 목걸이

재료 핑크 천, 면 벨로아, 리본 테이프, 단추, 압축솜, 글루건

1 핑크 천을 52X4cm의 길이로 재단한 후 그림처럼 접어 공그르기한다.
2 나비 날개 부분은 앞(겉)-압축솜-뒤(안) 순으로 놓고 버튼홀 스티치로 연결한다(반대쪽도 동일하게 제작).
3 양쪽 날개를 감침질로 연결한다.
4 가운데 부분을 글루건으로 붙이고 더듬이는 홈질로 연결한다.
5 날개 윗부분에 리본을 접어 달고 ①번과 홈질로 연결한다. 연결 부분과 그 주위는 단추로 장식한다.

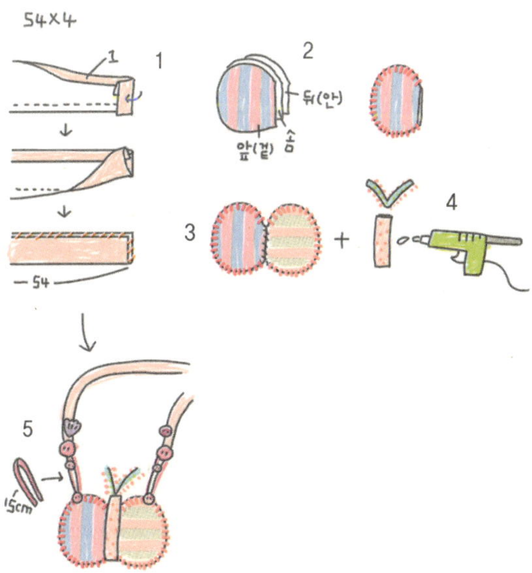

05
Pink
→ Page 094

완성사이즈 12X9cm

완성사이즈 13.5X13.5cm

완성사이즈 12X10cm

체크 머리끈

재료 체크 천, 플라워 천, 압축 솜, 머리끈

1 체크 천은 겉끼리 맞대고 맨 아래는 압축솜을 놓고 박음질한다. 단 창구멍은 제외(시접은 1cm, 창구멍은 5cm).

2 압축솜의 시접과 네 모서리는 자른다.

3 뒤집은 후 중앙을 한 번 묶어준다.

4 가운데 부분은 그림처럼 접어 공그르기한다.

5 ④를 올린 후 뒤에서 공그르기로 마무리한다. 머리끈은 홈질로 붙이거나 글루건을 이용한다.

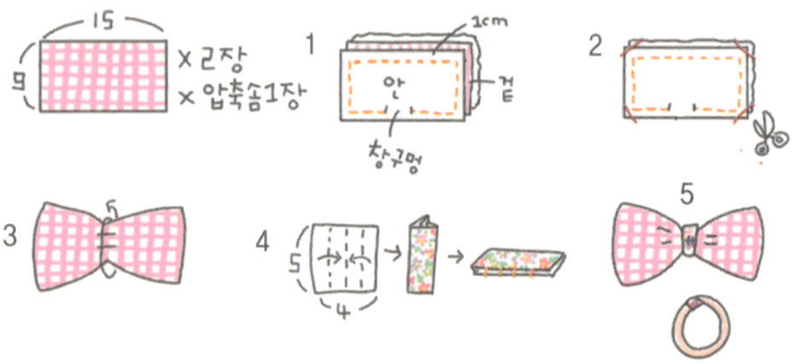

망사 브로치

재료 베이비 핑크 망사, 핑크 망사, 보라색 망사, 브로치 핀, 펠트, 글루건

1 베이비 핑크 망사를 부채 모양으로 접어 아랫부분을 끈으로 묶어 준다.

2 그 위에 보라 망사를 돌려가며 붙인다.

3 핑크 망사는 보라 망사의 사이즈대로 잘라서 1과 같이 만든 후 ②와 함께 묶는다.

4 뒷부분은 가위로 짧게 정리한 후 펠트를 둥글게 잘라 감침질한다.

5 실이나 글루건을 이용하여 브로치핀을 고정시킨다.

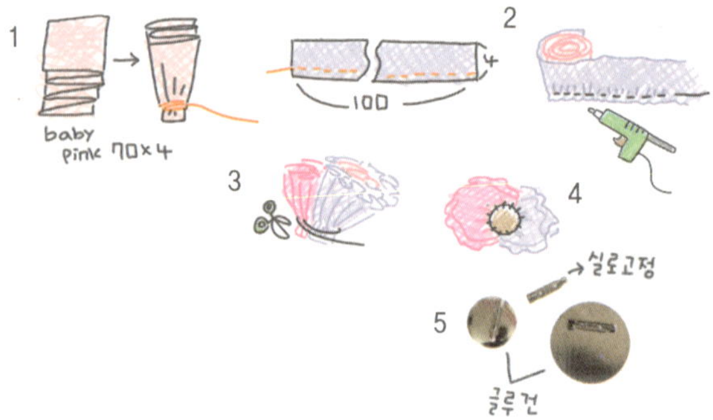

플라워 머리끈

재료 핫핑크 천, 머리끈

1 사이즈대로 12장을 자른 후 반으로 접어 모서리는 둥글게 자른다.

2 접은 것을 펼친 후 12장을 나란히 포갠다.

3 가운데 부분은 실로 묶는다.

4 한 장, 한 장 펼친 후 머리끈을 달아준다.

꽃 한 송이 머리끈

재료 핑크 공단, 핑크 오간자, 그린 공단, 그린 오간자, 머리끈, 글루건

1 핑크 공단은 재단 후 홈질을 한다. 한쪽 끝을 잡아당겨 주름을 만든다(핑크 오간자도 동일하게 만든다).

2 그린 공단은 반으로 접은 후 양쪽 끝은 가운데로 접는다.

3 아랫부분도 가운데로 접고 홈질로 고정시킨다(그린 오간자도 동일하게 만든다).

4 글루건을 이용해 먼저 핑크 꽃 두 송이를 붙이고 아래에 그린색 잎을 붙인 후 머리끈을 연결한다.

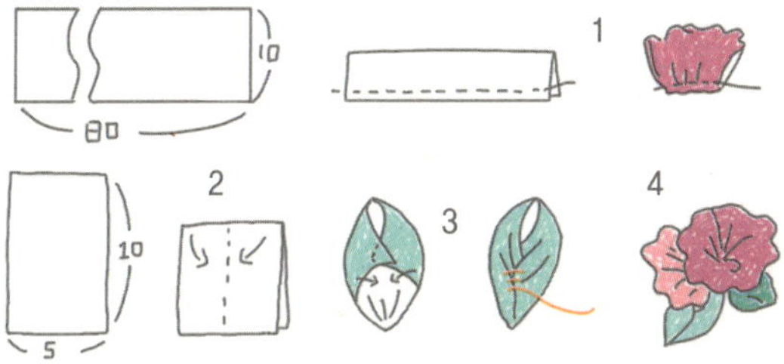

바니핑크

재료 앞(핑크레자), 뒤(체크 천), 머리띠, 글루건

1 사이즈대로 앞 2장, 뒤 2장을 재단한다.

2 앞과 뒤를 각각 한 장씩 겉끼리 맞대고 그림처럼 박음질한다.

3 곡선 부분에 가위집을 내고 뒤집는다.

4 아랫부분에 홈질로 주름을 주고 2개를 홈질로 연결한다.

5 글루건으로 머리끈 뒷부분에 살짝 고정시킨 후 같은 색 실로 양끝을 감침질한다.

숙녀의 머리띠

재료 핑크 망사(최대한 빳빳한 것으로), 폼폼리본(35cm), 글루건, 머리띠

1 사이즈대로 10장을 자른 후 나란히 포갠 다음 가운데 부분을 실로 묶는다.

2 폼폼리본(35cm)은 절반으로 접고 또 접는다.

3 이렇게 세 번을 접은 후 윗부분을 홈질한다.

4 리본 위에 폼폼리본을 글루건으로 감싼 것처럼 붙인다.

5 머리띠에 리본을 붙이고 폼폼리본을 조금 잘라 지저분한 부분에 붙여준다.

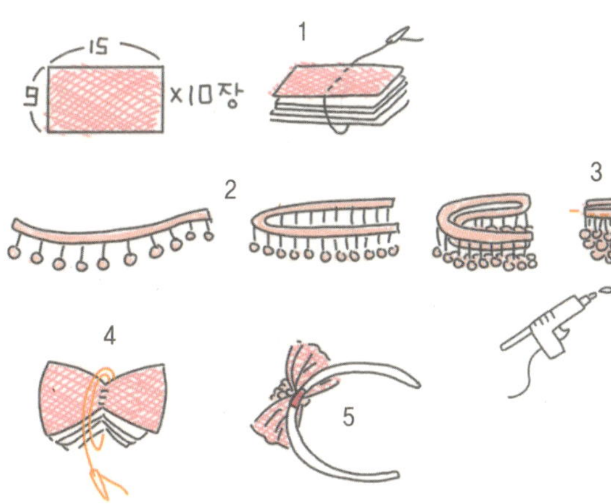

사이즈 12~24month

드로잉 원피스

재료 핑크색 천(1마), 흰색 천(1/8마), 스트라이프 천(1/4), 파이핑 줄, 콘 실지퍼, 패브릭 펜

1 흰색 천 위에 패브릭 펜으로 드로잉을 하고 그 위에 앞판과 뒤판을 놓고 재단한다.

2 스트라이프 천을 바이어스 재단(3x110cm) 한다. 안쪽에 줄을 올리고 반으로 접은 후 파이핑이 움직이지 않도록 바짝 홈질한다.

3 앞판 겉면을 위로 하고 몸판 시접 끝에 파이핑 시접 끝을 맞춘다. 그런 다음 홈질로 시침질한다.

4 치마는 홈질을 한 후 한쪽 끝을 잡아 당겨 주름을 만든다(재봉틀은 5번 땀으로 박음질).

5 앞판과 치마는 겉끼리 맞대고 박음질한다(보통 재봉질을 할 땐 판판한 쪽, 늘어짐이 덜한 쪽을 밑에 배치한다). 삐져나온 파이핑은 가위로 정리한다.

6 뒷겉면 위에 콘실지퍼 겉면을 맞대고 박음질한다(콘실지퍼 노루발을 사용하면 편리하다. 없으면 외노루발을 이용한다).

7 목선, 허리선이 어긋나지 않도록 반대쪽 지퍼에 초크로 표시한다.

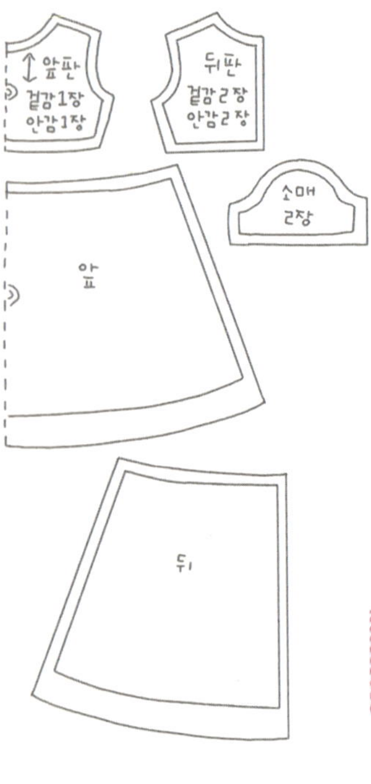

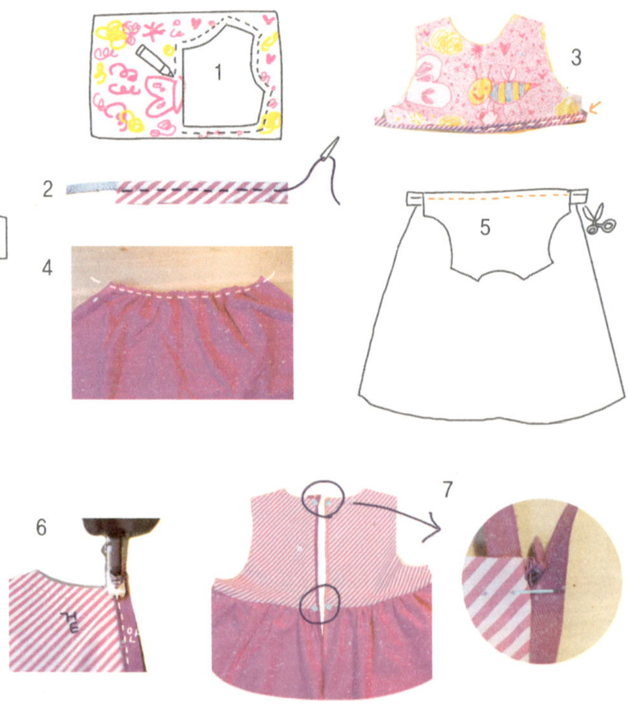

8 앞판과 뒤판의 어깨를 박음질로 연결한다.
9 소매의 시접 부분에 자연스럽게 주름을 만든다.
10 몸판과 소매의 겉을 마주대고 박음질로 연결한다.
11 앞과 뒤를 맞대고 소매와 옆선을 한 번에 박음질한다.
12 겉감 위에 안감을 겉끼리 마주보게 올려 놓고 목둘레를 박음질로 연결한다.
13 목시접은 안감쪽으로 넘기고 0.1cm 안으로 박음질한 후 시접을 바짝 잘라낸다.
14 안감의 뒷중심과 소매 시접을 안으로 접어 공그르기한다.
15 주머니는 두 장 재단해서 겉끼리 맞댄 후 윗부분만 남기고 박음질한다. 그리고 뒤집는다.
16 윗부분은 바이어스 처리한다. 치마의 적당한 위치에 공그르기로 붙인다.
17 소맷단과 치맛단은 두 번 접어 박음질한다.

8

9

10

11

12

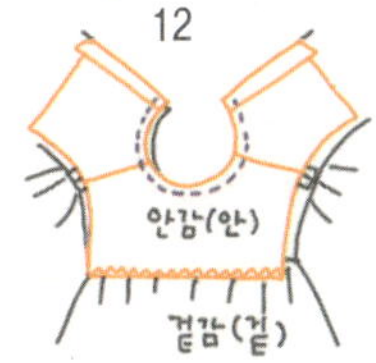

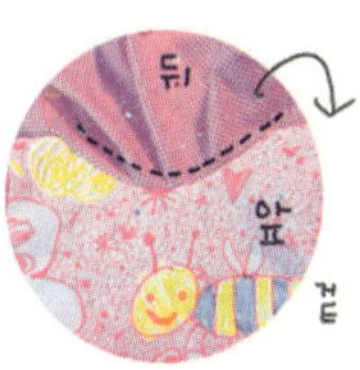

13

14

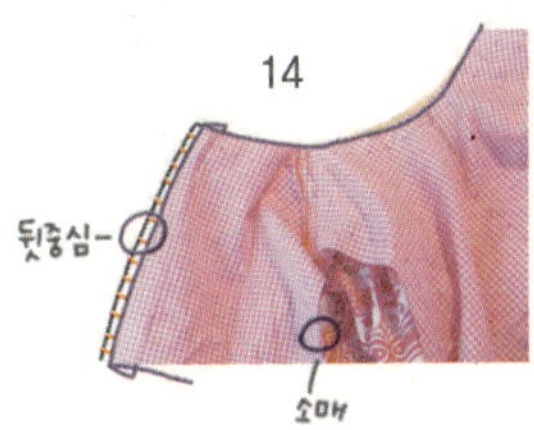

15

16

17

06
Green
Page 106

사이즈 12~24month

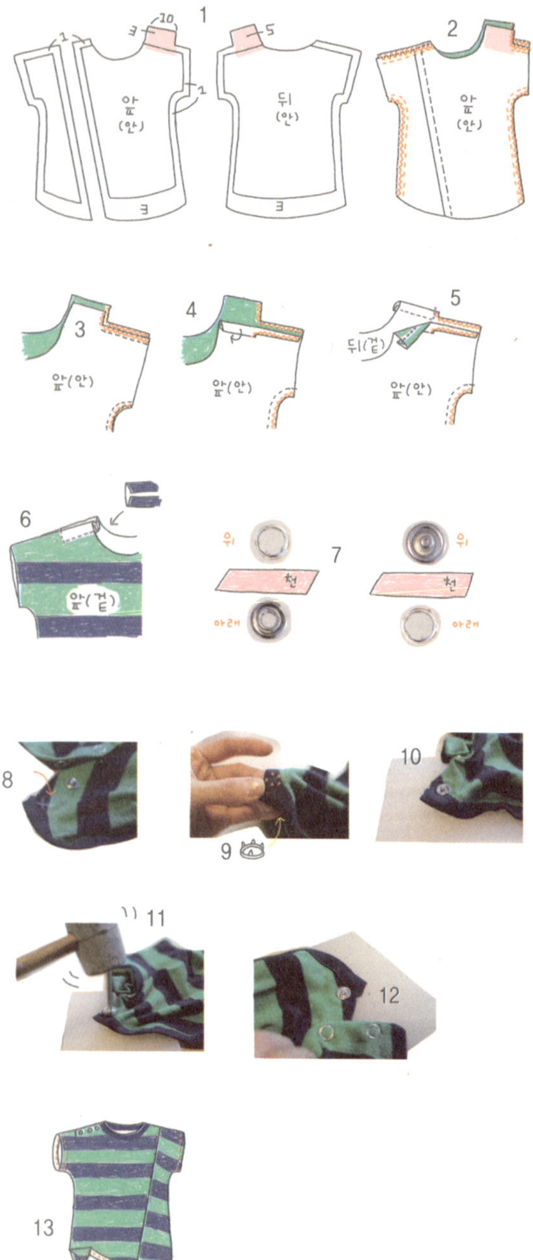

롱티셔츠

재료 스트라이프 다이마루(1마), 바이어스, 접착심지, 가시도트 2쌍

1 도안대로 재단한 후 오른쪽 어깨 시접에 다리미로 접착심지를 붙여 놓는다.

2 그림처럼 앞판을 연결한 후 앞 뒤 어깨와 옆선을 박는다.

3 왼쪽 어깨, 옆선은 두 겹 오버록하고 오른쪽 시접은 한 겹 오버록한다.

4 어깨 시접은 접어 다림질한다.

5 그림처럼 ㄱ모양으로 박음질한다.

6 목둘레는 바이어스 처리한다.

7 가시도트는 그림처럼 준비해 위치에 놓는다.

8 달 위치를 초크로 표시해 놓는다.

9 뒷면에 손으로 가시 부분을 끼운다.

10 위에 다른 쪽을 잘 맞춰 올려놓는다.

11 고무망치로 탕탕 두 번을 친다.

12 앞면도 같은 방법으로 가시가 위로 오도록 박는다.

13 소맷단과 아랫단은 두 번 접어 박음질한다.

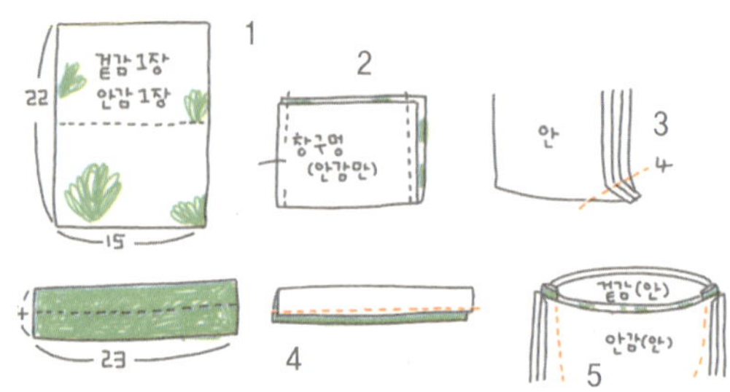

꼬마 가방 완성사이즈 15X21cm

재료 겉감(프린트 천), 안감(체크 천), 끈(초록색 무지천)
[시접은 0.7cm]

1 사이즈대로 재단한다(시접은 1cm).

2 접어서 양 옆을 박음질한다(단 안감은 창구멍 5cm를 남겨 놓고 박음질한다).

3 안쪽을 그림처럼 접고 모서리 부분을 박음질한다.

4 끈은 반으로 접어 아랫부분을 박음질한 후 뒤집는다.

5 겉과 안을 맞대고 사이에 끈을 고정시킨 후 입구를 박음질하고 창구멍을 통해 뒤집는다(창구멍은 공그르기로 막는다).

06
Green
→ Page 108

완성사이즈 46X46cm

완성사이즈 46X46cm

완성사이즈 12X38.5cm

숲속의 쿠션들 1

재료 그린 천, 프린트 천 2종류, 쿠션솜(45X45cm)
[시접은 1cm]

1 그림대로 재단한 후 뒷면 가운데 부분은 두 번 접어 박음질한다.

2 다람쥐 도안은 [다람쥐 가방]을 150% 확대하여 사용한다. 앞면 겉에 다람쥐의 시접을(0.5cm) 접어가며 순서대로 아플리케한다.

3 1을 6cm 겹치게 놓고 시접 부분을 고정박기한다.

4 앞면과 뒷면의 겉끼리 겹친 후 시접을 따라 박음질한다.

5 뒷면의 겹친 부분을 이용하여 뒤집는다.

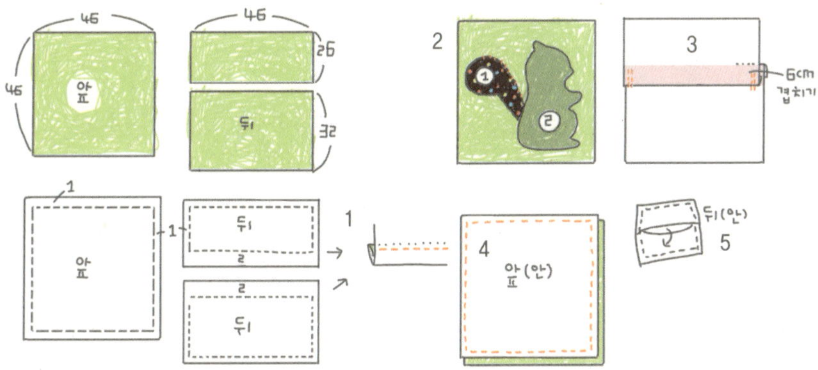

숲속의 쿠션들 2

재료 그린 니트, 프린트 천, 솜 [시접은 1cm]

1 꼭지를 만들어 윗부분 사이에 끼운다.

2 그림처럼 박음질로 윗부분과 아랫부분을 만든다.

3 뒤집어서 솜을 넣는다.

4 아랫부분을 윗부분에 살짝 끼워넣고 맞닿는 부분은 공그르기로 마무리한다(앞 뒤 모두 돌려가며 한다).

숲속의 쿠션들 3

재료 앞면(타월지), 뒷면(안 입는 셔츠), 쿠션(45X45cm), 여러 가지 자투리 천 [시접은 1cm]

1 타월지 위에 도안대로 천들을 잘라 아플리케한다.

2 안 입는 셔츠의 단추 달린 부분을 뒷면 사이즈로 자른다.

3 앞면과 뒷면을 박음질 한 후 단추 부분으로 뒤집는다 .

06
Green
Page 110

다람쥐 크로스백

재료 겉감(아빠양복 또는 밝은 브라운 천), 안감(플라워 천), 면 벨벳, 여러 가지 자투리 천, 털, 단추, 폼폼리본
[시접은 1cm, 단 아플리케할 다람쥐는 0.5cm]

완성사이즈 31X53cm

1 A와 B를 연결해 앞판을 만든다.
2 안감도 2장 재단해서 창구멍을 남기고 박음질한다.
3 뒷판의 양복 주머니쪽을 재단한다(양복이 없으면 보통 천을 사용해도 무방하다).
4 끈은 여러 가지 자투리 천을 이용해서 그림처럼 이어 박은 후 뒤집어 놓는다.
5 안감 속에 겉감을 넣고(겉끼리 맞대도록) 입구를 돌려가며 박음질한다
(이때 끈과 폼폼리본도 안감과 겉감 사이에 넣어둔다).
6 꼬리를 2장 재단한 후 겉끼리 박고 뒤집어서 솜을 넣는다.
7 공그르기로 가방에 부착한다.
8 안감의 창구멍을 통해 뒤집은 후 가방 입구에 털을 길게 붙인다(공그르기 또는 감침질 이용).
9 단추로 끈을 장식한다.
10 다람쥐의 몸통 부분과 도토리는 시접을 접어가며(시접 0.5cm) 꼬리와 겹치게 시침질한다.
그리고 나서 가장자리를 버튼홀 스티치로 장식을 준다.
11 눈은 버튼홀 스티치로 동그랗게 붙이고 눈동자는 단추로 포인트를 준다.
입도 붉은 천으로 아플리케한다.

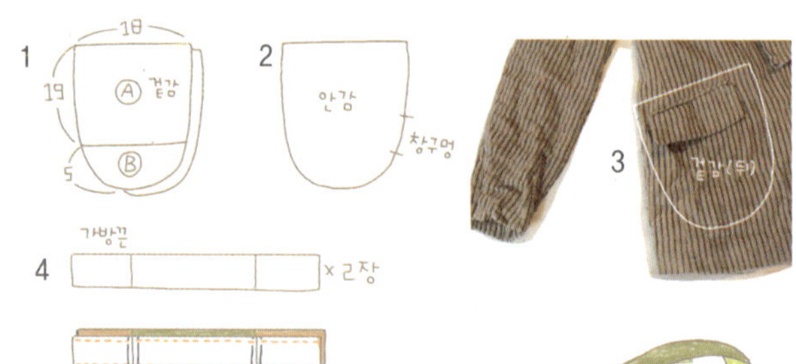

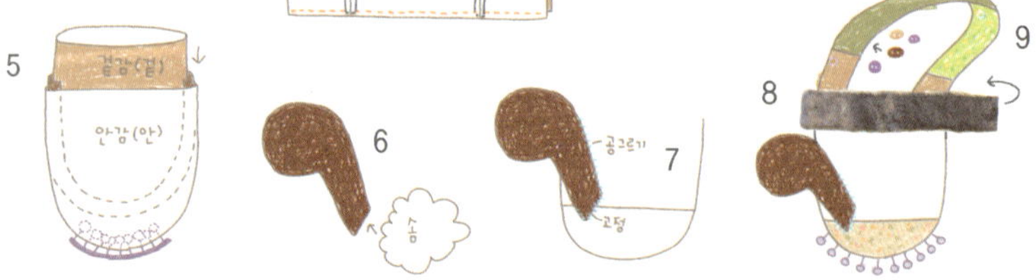

06
Green
Page 112

사이즈 3~6month

블루머와 룸슈즈

재료 겉감(프린트 천), 안감(노란도트 천), 바닥(흰무늬 천), 압축솜, 고무줄10cm [시접은 0.5cm]

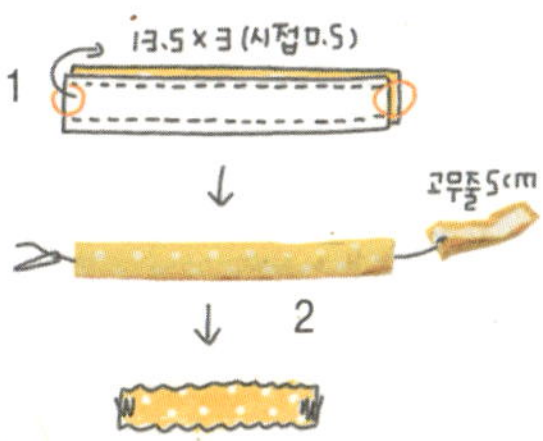

1 사이즈대로 끈을 만든다.
2 고무줄을 넣고 양끝은 고정박기한다.
3 안감과 겉감의 겉끼리 맞대고 맨 아래 압축솜을 놓는다. 그런 다음 시접을 따라 박음질을 한다(창구멍 제외).
4 압축솜의 시접은 모두 잘라내고 안감, 겉감의 시접도 가위집을 낸다.
5 몸판도 ③, ④와 같은 방법으로 만든다. 단 사이에 그림처럼 끈을 끼워 넣고 창구멍을 제외한 후 박음질한다. 뒤집은 후 창구멍은 시접을 안으로 접어 넣고 공그르기로 막는다.
6 그림처럼 놓고 뒤축을 공그르기로 연결해 준다.
7 몸판과 발바닥의 앞뒤 중심을 시침핀으로 고정한다.
8 몸판과 발바닥을 공그르기로 연결한다.

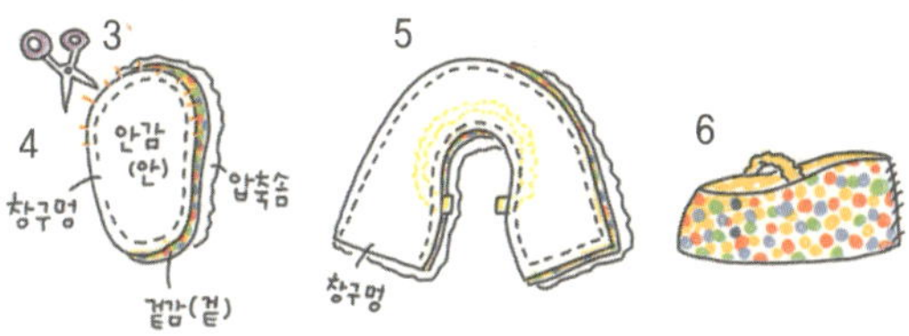

*블루머는 Red의 173page를 참조하세요.

06
Green
Page 114

완성사이즈 88X12cm

사이즈 0~3month

도토리 모자

재료 겉감(면벨로아 1/4마), 안감(면저지 1/4마, 여러 가지 천들), 면테이프, 수실, 단추 [시접은 0.7cm]

1 면테이프에 글자를 수 놓는다. 끝은 두 번 접어 박음질한다.
2 사이에 면테이프를 끼우고 겉끼리 맞대고 박음질한다.
3 안감은 여러 가지 천으로 아랫단을 만든 후 윗부분과 연결한다. 이렇게 두 장을 만들고 창구멍을 남겨놓은 채 겉끼리 맞대고 박음질한다.
4 겉감 위에 안감을 씌운다(겉끼리 마주보게).
5 머리 둘레를 박음질하고 뒤집은 후 창구멍은 공그르기.
6 자투리 천과 단추로 모자를 꾸며준다.

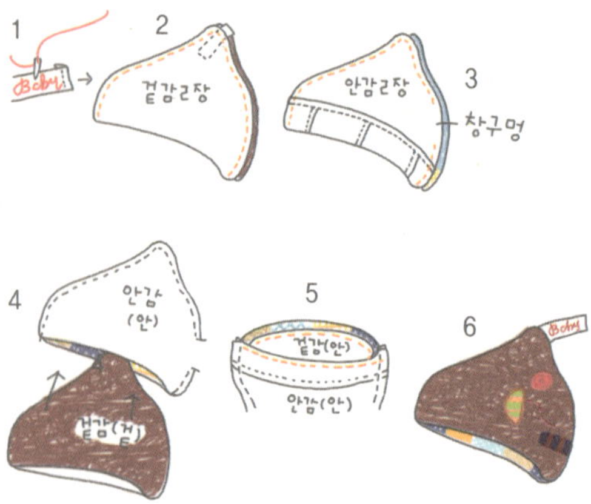

도토리 머플러

재료 겉감(면벨로아 1/4마), 안감(면저지 1/4마, 여러 가지 천들) [시접은 0.7cm]

1 자투리 천들은 여러 장을 길게 연결하되 양끝 2장은 바이어스 재단한다(총길이는 110cm).
2 겉감과 1을 연결하고 반대쪽에 안감을 연결한다.
3 시접은 가름솔하고 다림질한다.
4 시접을 맞춰 반으로 접고 박음질한다(창구멍 5cm 제외).
5 공그르기로 창구멍을 막는다.

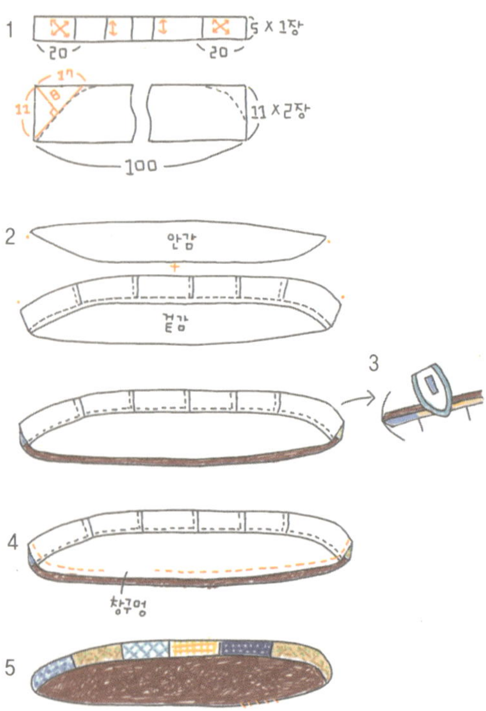

07
Black
→ Page 120

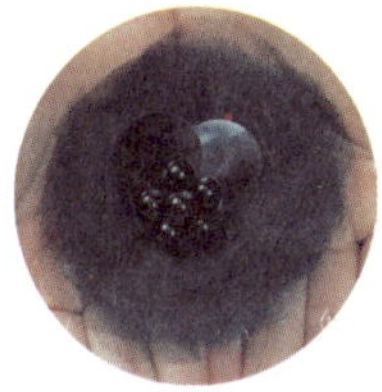

완성사이즈 7X7cm

까만 망사 머리핀

재료 검정 망사, 스팽글 2개, 검정 구슬 6개, 머리핀대

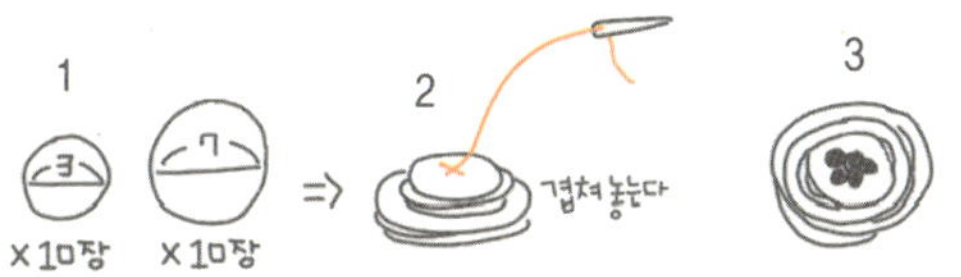

1 지름 3cm 망사 10장과 지름 10cm 망사 10장을 자연스럽게 겹쳐 놓는다. 그런 다음 중앙을 홈질로 두 땀 고정시킨다.

2 ①에 스팽글을 먼저 달고 위에 바늘로 구슬을 단다.

3 글루건을 이용하여 뒷면에 핀을 달아준다.

07
Black
→ Page 122

완성사이즈 19X13.5cm

종이배 모자

재료 A4크기의 천 2장, 접착심지, 폼폼이, 고무줄

[시접은 1cm]

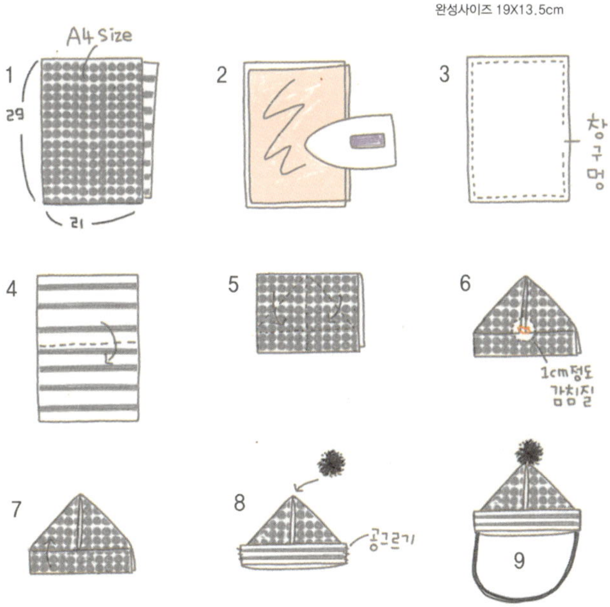

1 A4크기의 천을 두 장 준비한다.

2 뒷면에 다리미로 심지를 붙인다(힘이 없는 천을 빳빳하게 만드는 역할을 한다).

3 겉끼리 맞대고 창구멍을(약 5cm) 남긴 후 박음질한다.

4 창구멍을 통해 뒤집은 후 위에서 아래로 반을 접는다.

5 양 옆이 중앙으로 오게 접는다.

6 그림처럼 가운데 부분 1cm정도를 감침질한다

7 아랫부분을 위쪽으로 넘긴다.

8 넘긴 부분의 양 옆을 공그르기하고 위쪽에 폼폼이를 붙인다.

9 고무줄을 아이의 얼굴 길이만큼 잘라서 배의 양쪽에 박음질로 고정시킨다.

07
Black
Page 124

사이즈 12~18month

팬츠

재료 검정 원단(1마), 콘실지퍼, 접착심지, 고무줄 20cm

1 앞판과 뒤판의 겉을 맞대고 옆선과 밑 아래를 박음질로 연결한다(지퍼 부분 제외).

2 허리벨트 만들기–도안대로 재단한 후 한쪽에 접착심지를 붙이고 그림처럼 윗부분 시접은 접어서 다려 놓는다.

3 콘실지퍼를 단다.

4 바지 한쪽을 뒤집어 다른 쪽에 겉끼리 맞닿게 넣는다. 그런 다음 밑위를 박음질로 연결한다.

5 시접은 두 겹 오버록하고 뒤집는다.

6 앞겉면 완성선에 허리벨트를 맞춰 놓는다.

7 시접을 따라 박음질로 연결한다.

8 뒤판에 고무줄을 놓고 양끝의 시접 부분을 고정박기한다.

9 고무줄과 뒤판 허리시접을 박음질로 완전히 고정시킨다.

10 여밈 부분은 그림처럼 박음질한 후 뒤집는다. 허리벨트는 절반을 안으로 꺾고(시접은 접어 넣는다) 겉에서 박음질한다(재봉질이 서툴면 안에서 공그르기해도 된다).

11 여밈 부분에 단춧구멍을 뚫고 단추를 단다.

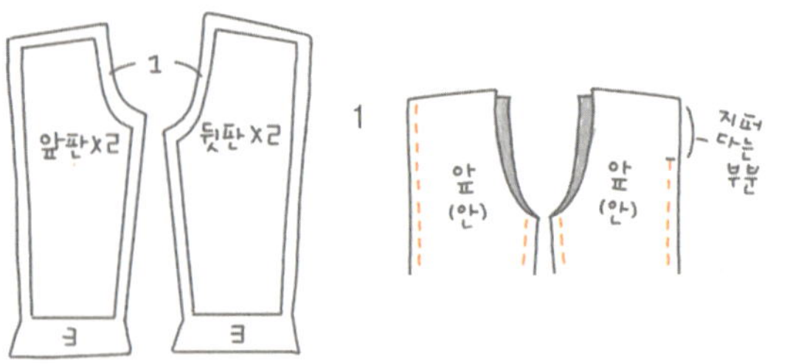

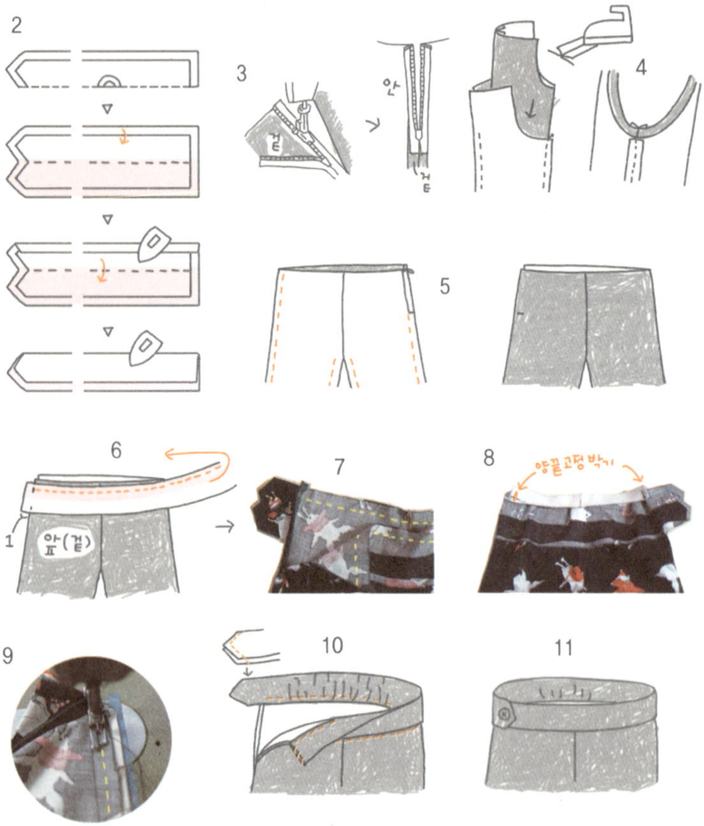

07 Black
→ Page 124

사이즈 18~24month

스트라이프 티셔츠

재료 스트라이프 다이마루(1/2마), 바이어스, 접착심지 가시도트 2쌍

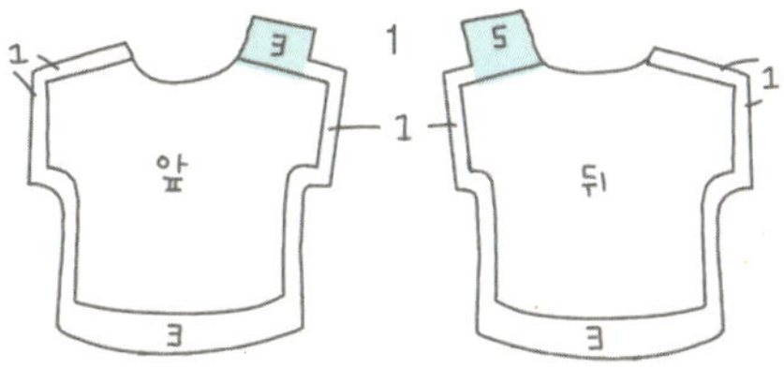

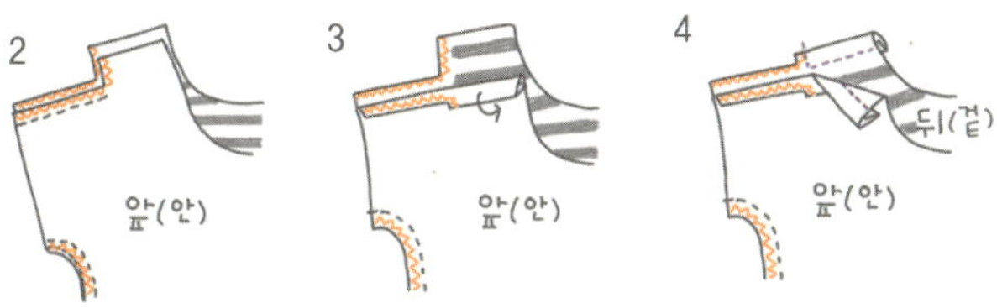

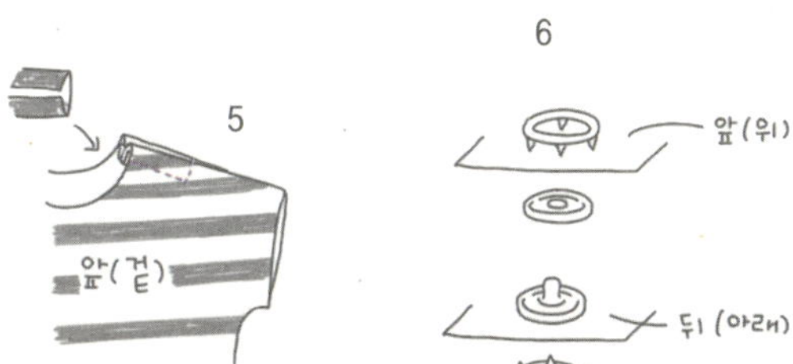

1 도안대로 재단한 후 오른쪽 어깨 시접은 다리미로 접착심지를 붙여 놓는다.

2 그림처럼 앞판과 뒤판을 겉끼리 맞댄 후 어깨와 옆선을 박음질로 연결한다.

3 왼쪽 어깨, 옆선은 두 겹 오버록하고 오른쪽 접착심지를 붙인 시접은 한 겹 오버록하고 접어 다린다.

4 그림처럼 ㄱ모양으로 박음질한다.

5 목둘레는 바이어스 처리한다.

6 가시도트는 그림처럼 준비해 위치에 놓는다.

7 먼저 초크로 위치를 표시하고 뒷면에 손으로 가시 부분을 살짝 끼운 후 위에 다른 쪽을 잘 맞춰 올려 놓는다.

8 고무 망치로 탕탕 두 번 두드린다(반대쪽도 마찬가지).

9 소맷단과 아랫단은 두 번 접어 겉에서 박음질한다.

07 Black
→ Page 128

목걸이

재료 털실, 장식리본, 검정구슬, 수실, 공단리본

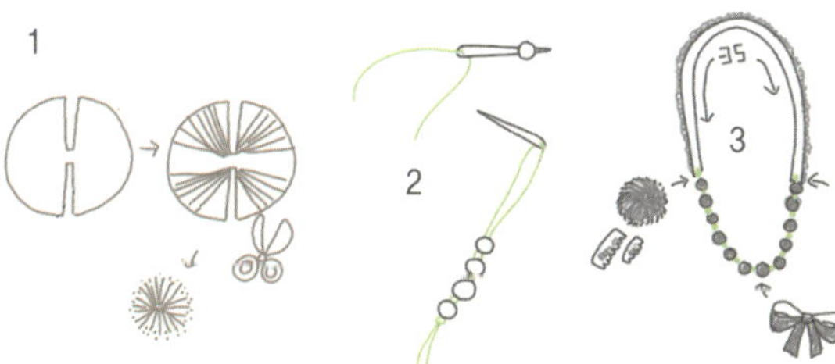

1 털실로 폼폼이를 만든다(두꺼운 종이로 지름 4.5cm의 원을 만든다. 중앙은 그림처럼 길게 홈을 내고 털실을 적당히 감아준다. 원의 가장자리를 가위로 잘라주고 실로 중앙을 묶어준다).

2 바늘로 구슬을 꿴다. 다음 구슬을 넣기 전에 실을 한 번씩 묶어준다.

3 장식리본과 구슬을 홈질로 연결한 후 연결 부분은 폼폼이를 붙여주고 공단리본도 예쁘게 묶어 달아준다.

07
Black
Page 126

완성사이즈 20X18.5cm

바니 인형

재료 블랙체크 천, 빨간체크 천, 포인트 천, 폼폼이, 방울솜, 검정구슬, 수실 [시접은 모두 0.5cm]

1 귀는 도안대로 재단하여 앞과 뒤를 겉끼리 맞대고 박음질한 후 뒤집어 놓는다.

2 앞판의 Ⓐ와 Ⓑ사이에 귀를 접어 넣고 박음질한다. 뒤판도 옆과 중앙을 박음질로 연결한다.

3 앞판과 뒤판의 겉끼리 맞대고 창구멍 약 2cm를 남겨두고 박음질한다. 곡선 부분은 가위집을 내고 뒤집는다.

4 팔과 다리도 같은 방법으로 만들어 뒤집고 솜을 넣는다.

5 몸통과 팔과 다리를 그림처럼 배치하고 시침핀으로 고정시켜 놓는다. 그런 다음 별과 별, 세모와 세모, 원과 원을 마주대고 박음질한다.

6 머리에 방울솜을 넣는다.

7 몸통에도 방울솜을 적당히 넣는다.

8 튀어나온 두 개의 꼬리 부분을 감침질로 이어주고 폼폼이를 붙인다.

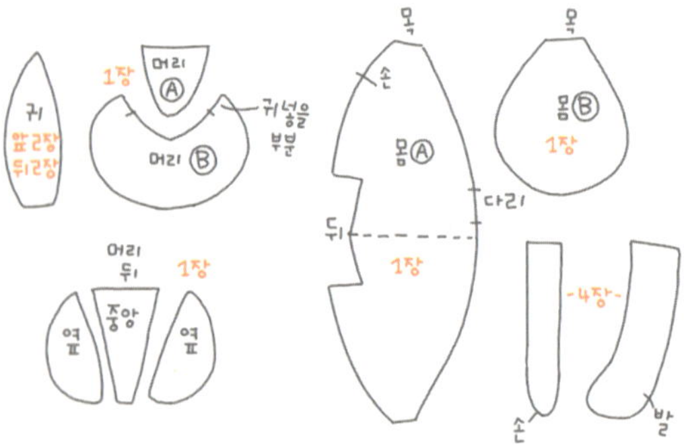

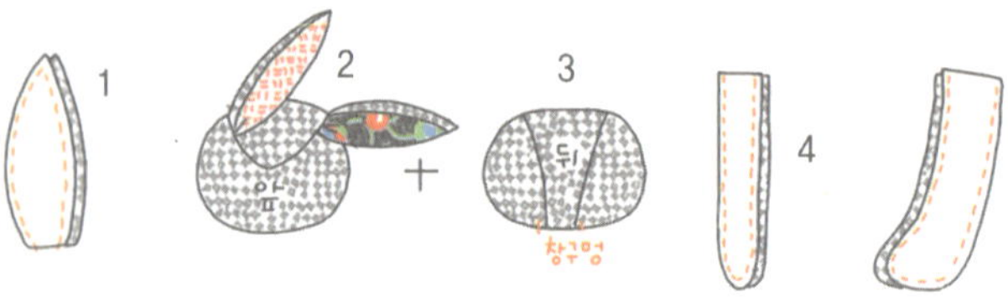

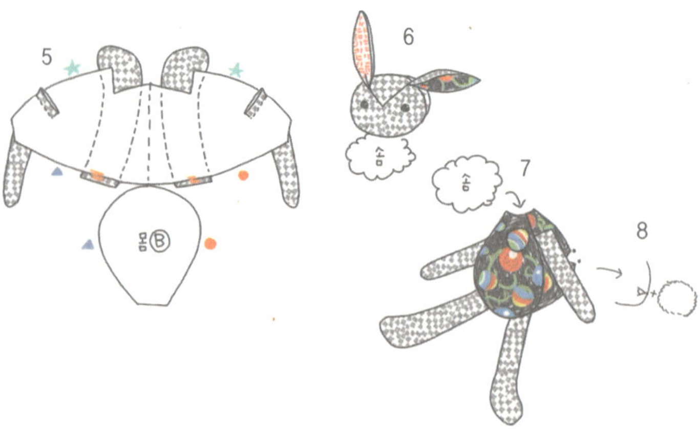

07
Black
Page 129

검정리본 머리띠

재료 검정색 공단, 머리띠 [시접은 모두 1cm]

1 아래로 접어 창구멍을 남겨놓고 박음질한다. 그런 다음 뒤집고 창구멍은 공그르기한다.

2 리본의 가운데 부분도 그림처럼 옆으로 접어 박음질한다. 아래 창구멍으로 뒤집은 후 창구멍은 공그르기한다.

3 ①의 중앙을 실로 한 번 묶어준다.

4 ②로 한 번 돌려주고 뒷부분은 공그르기하고 머리띠에 홈질 또는 글루건으로 붙여준다.

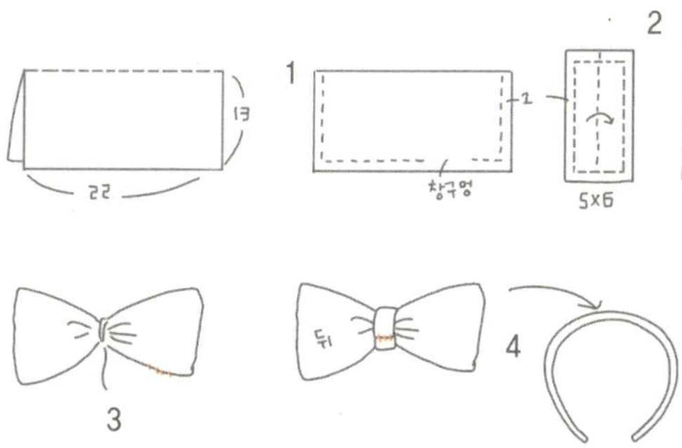

07
Black
Page 130

사이즈 18~24month

쁘띠 마드모아젤 블랙 드레스

재료 겉감(양모 원단 1마), 퍼칼라(겉감-퍼원단, 안감-공단), 새틴리본 테이프, 고무줄 16cm [시접은 모두 1cm]

칼라 만들기

1 퍼(털)와 안감을 마주대고 사이에는 리본을 끼운 후 박음질한다(단 창구멍 제외).

2 뒤집은 후 창구멍은 공그리기한다. 송곳을 이용하여 완성선에 끼어있는 퍼(털)를 빼서 모양을 잡아준다.

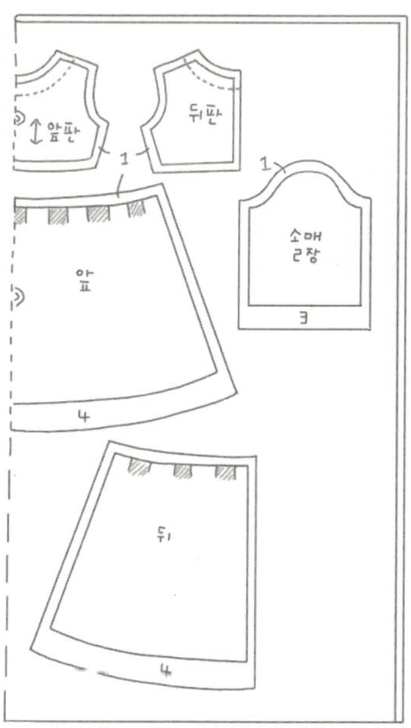

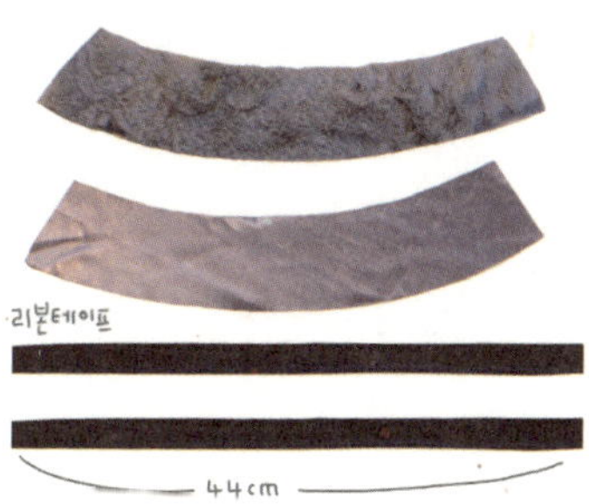

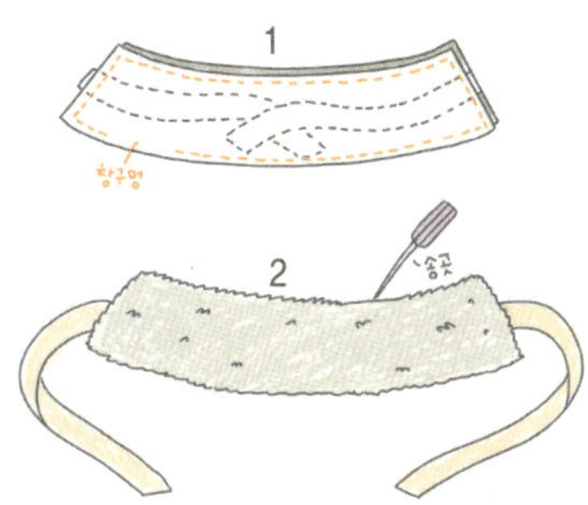

07
Black
→ Page 130

원피스 만들기

1 치마는 맞주름을 잡아 시침핀으로 고정한다(뒤판도 동일하게).

2 몸판과 치마는 겉을 마주보게 놓고 시접을 맞춘 후 박음질로 연결한다.

3 뒤판에 콘실지퍼를 단다(기본 바느질법 참조).

4 앞판과 뒤판의 어깨를 박음질로 연결한다.

5 소매는 소매산을 중심으로 주름을 잡고 몸판과 시접을 잘 맞춘 후 박음질로 연결한 후 앞과 뒤를 맞대고 소매와 옆선을 한 번에 박음질 한다(page 189 참고).

6 안단을 그림과 같이 만든다.

7 안단과 몸판의 겉을 맞대고 목둘레를 박음질로 연결한다.

8 목의 시접은 안단쪽(뒤쪽)으로 모두 넘기고 완성선에서 안단쪽으로 0.1cm 위치에서 박음질한다.

9 안쪽으로 뒤집은 후 시접을 바짝 자른다.

10 안단의 시접은 안으로 접은 후 공그르기로 마무리한다.

11 소매부리는 두 번 접어 박음질한 후 창구멍(3cm)을 통해 고무줄(16cm)을 넣고 창구멍은 공그르기로 막는다.

12 아랫단은 두 번 접어 겉에서 박음질한다.

1

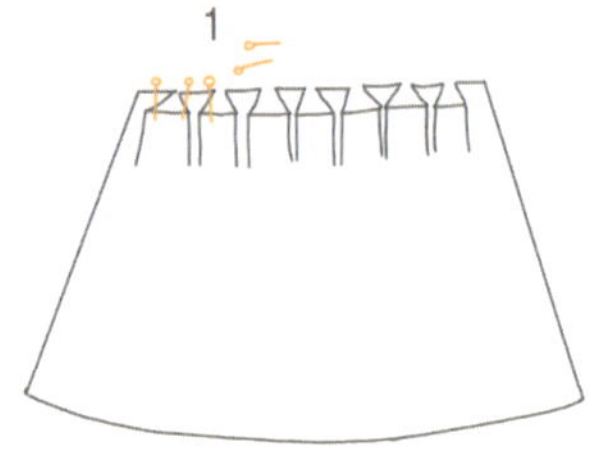

2

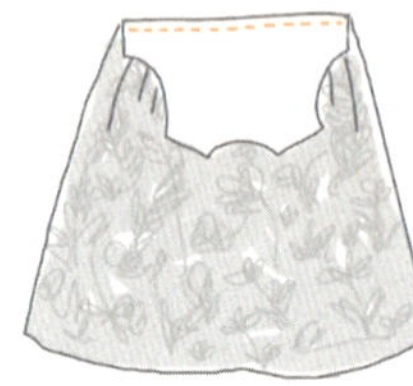

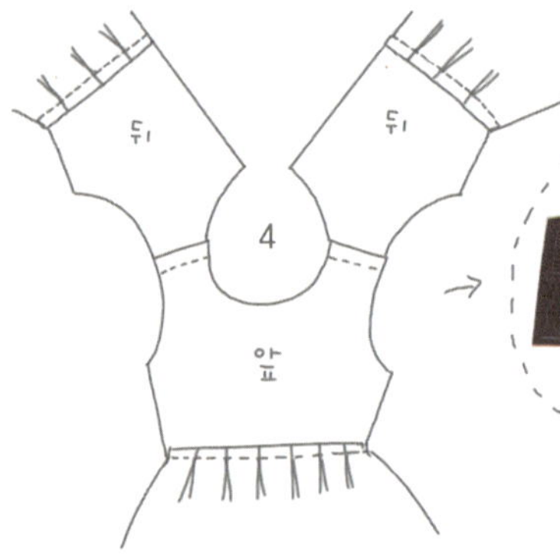

5

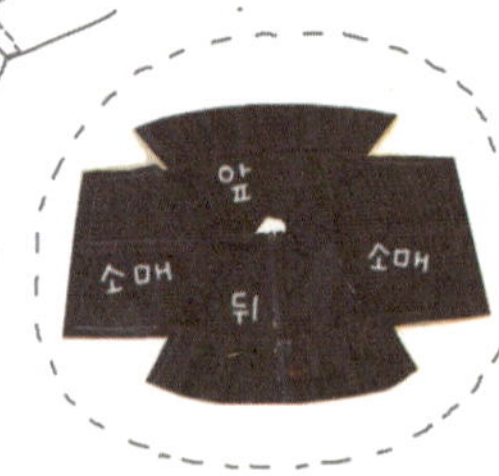

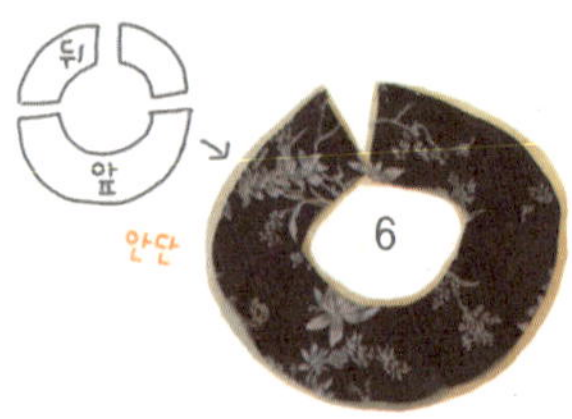

7

8

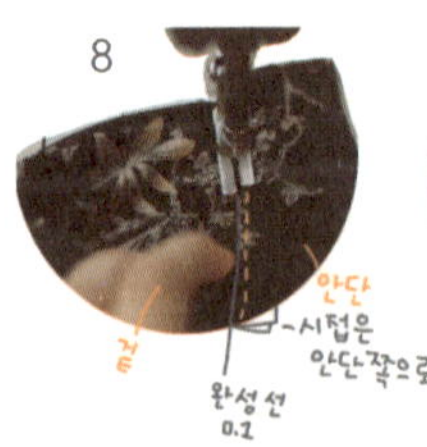

9

3

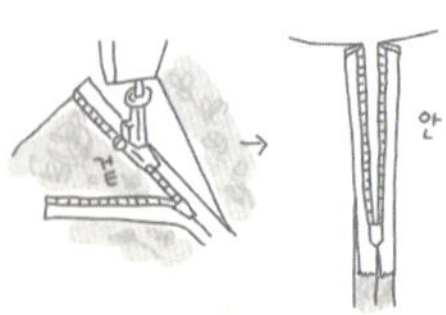

10

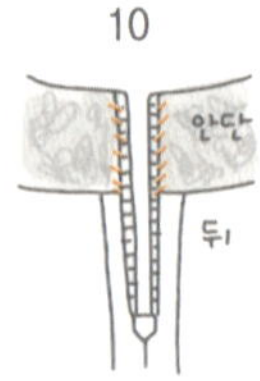

08
Party
Page 138

사이즈 3~9month

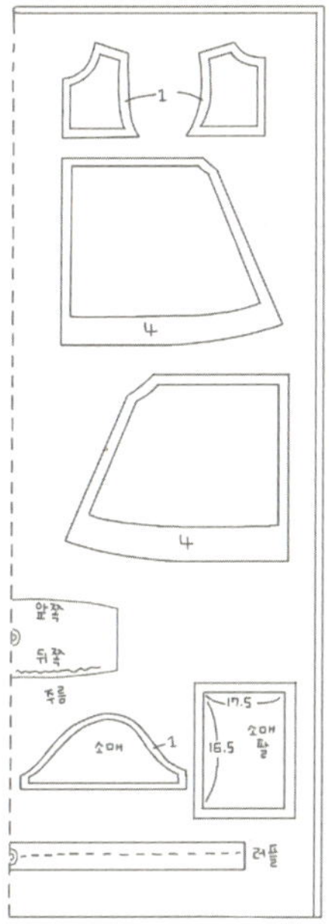

100일 기념 드레스

재료 겉감(실크 1마 반), 안감(공단 1마 반, 안감 1/4마, 보닛 끈 37X7cm

[치맛단 시접은 4cm, 나머지는 모두 1cm]

1 그림처럼 몸판을 연결하고 시접은 오버록한 후 가름솔한다(안감도 동일).

치마 연결 방법은 page188 참고.

2 겉감 뒷면에 콘실지퍼를 단다(기본 만들기법 참조).

3 소매는 그림처럼 연결하고 시접은 오버록한다(안감도 동일).

4 러플은 반으로 접은 후 2cm 폭으로, 1cm 겹치게 다림질해 놓는다.

5 소매 끝부분에 러플을 고정박기한다.

6 안감과 겉감의 겉끼리 맞대고 목둘레선을 박음질한다. 곡선 부분에 가위집을 주고 뒤집은 후 다림질한다.

7 뒤집은 후 안감의 뒷중심(지퍼 부분)과 소매끝의 시접은 안으로 접어 공그르기한다.

8 치맛단과 진동 부분의(7번의 녹색 점 표시) 안감과 겉감을 실루프를 이용하여 느슨하게 연결한다.

1

2

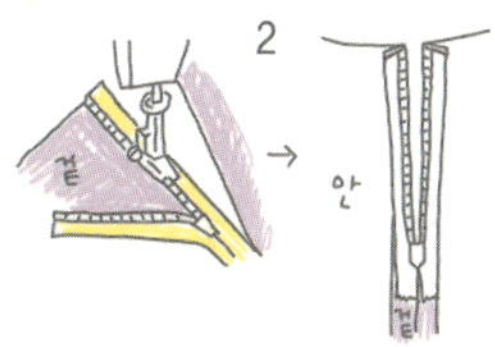

3

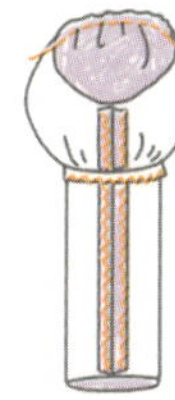

4

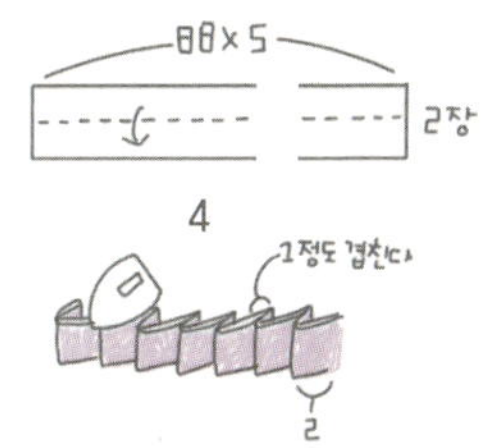

5

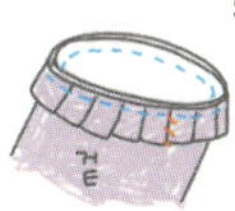

6

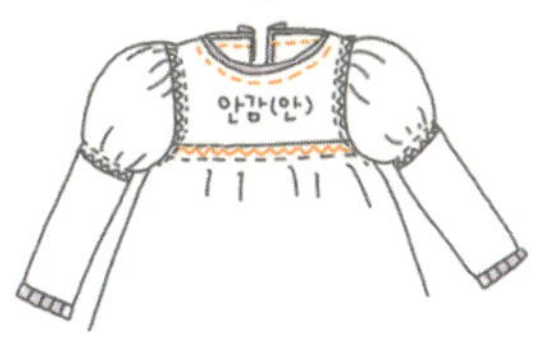

7

8

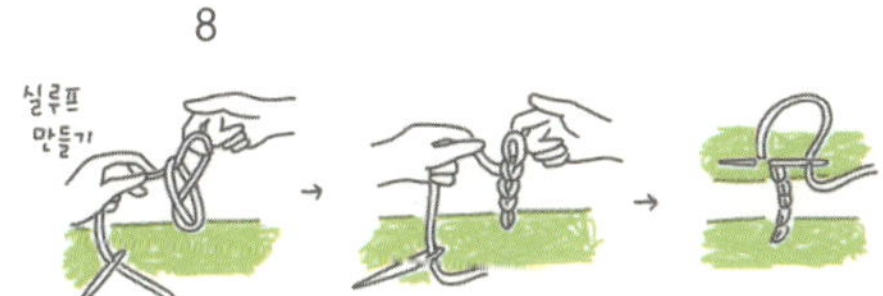

08
Party
→ Page 138

100일 기념 드레스-보닛

1 몸판의 뒤쪽에 주름을 잡는다.

2 몸판과 뒤판을 겉끼리 맞대고 박음질로 연결한다. 곡선 부분은 가위집을 낸다(안감도 동일하게).

3 끈은 6X35cm로 재단하여 반으로 접어 ㄱ자로 박음질한 후 뒤집어 놓는다. 뒤집은 후 시접은 안으로 접어 공그르기한다.

4 러플은 85X5cm로 재단하여 반으로 접은 후 4cm 폭으로 1cm겹치게 만든 다음 다림질한다.

5 겉감 위에 러플을 올리고 시접을 맞춘 후 고정박기한다.

6 겉감과 안감의 겉을 맞대고 그림처럼 박음질한다. 뒤집은 후 창구멍은 공그르기한다.

7 안감 쪽에 끈을 공그르기로 달아준다.

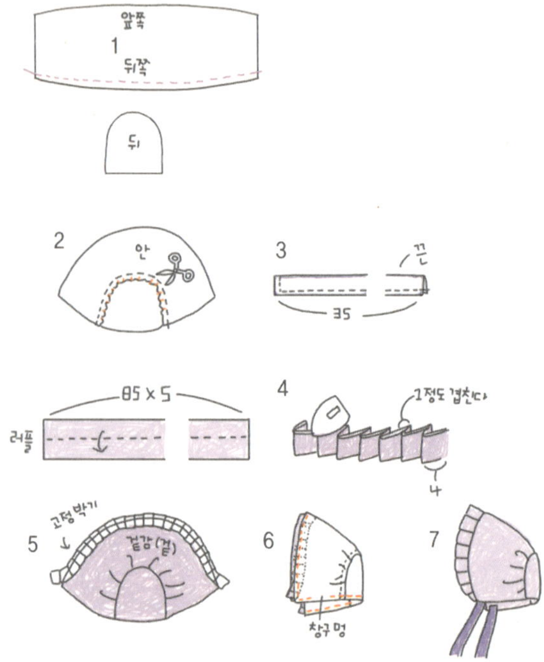

08
Party
→ Page 140

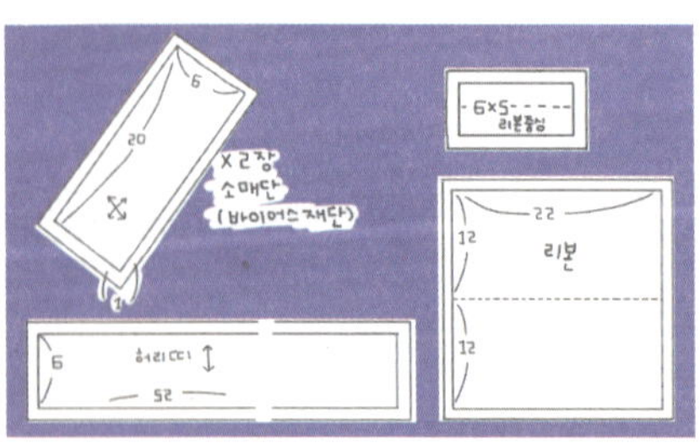

비비안 돌 드레스-허리띠

1 띠와 리본은 창구멍을 제외하고 박음질한다. 창구멍은 뒤집은 후 공그르기로 막는다.

2 리본은 부채처럼 접어 가운데를 바느질로 묶는다. 중심 부분도 리본과 동일한 방법으로 만든 후 그림처럼 돌려 뒤에서 공그르기한다.

3 허리띠에 리본을 달고 끝 부분엔 스냅단추를 단다.

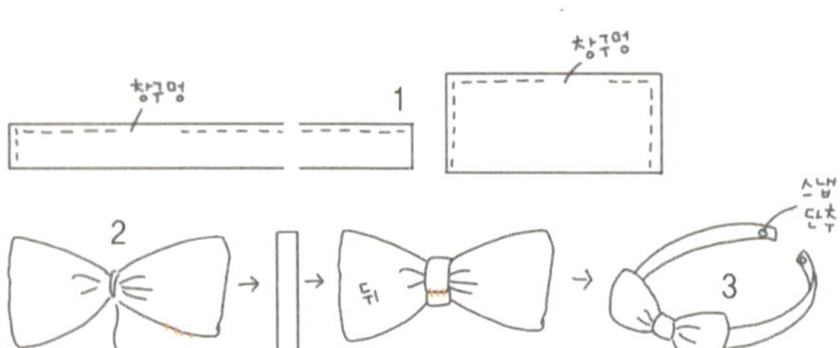

08
Party
→ Page 140

사이즈 12~24month

비비안 돌 드레스

재료 겉감(수직실크 1마 반), 안감(몸판 프린트 천 1/4마, 치마 공단 1마), 허리띠 및 소맷단 1/2마, 콘실지퍼 [치맛단 시접은 4cm, 나머지는 모두 1cm]

1 치마는 식서 방향으로 재단하고 나머지는 바이어스 방향으로 재단한 후 뒷면에 접착심지를 붙인다.
2 치마에 주름을 잡은 후 앞판과 겉끼리 맞대고 허리선을 연결한다.
3 뒷판도 동일한 방법으로 만든 후 어깨와 옆선을 연결한다.
뒷중심선에 콘실지퍼를 단다(기본 만들기법 참조).
4 안감도 동일한 방법으로 만든다.
5 소매는 위아래 홈질한 후 한쪽으로 잡아당겨 주름을 잡는다.->소맷단을 연결한다.->반으로 접어 옆을 박음질한 후 시접을 오버록한다. 소맷단을 반을 접어 위로 올린다.->소맷단 시접은 안으로 접어 공그르기한다.
6 소매와 몸통의 겉끼리 맞대고 어깨선을 박음질한다.
7 안감과 겉감의 겉끼리 맞대고 목둘레를 박는다(안감의 중심선 시접은 안쪽으로 접어 놓은 채 박는다).
8 목의 시접을 모두 안감쪽으로 놓는다. 완성선에서 안감쪽으로(뒤쪽) 0.1cm 위치에 박음질한다. 시접은 모두 짧게 자른다.
9 안감의 어깨 시접과 뒷중심 시접은 모두 안으로 접어 공그르기로 겉감과 연결한다. 안감의 아랫단은 두 번 접어 박음질하고 겉감의 아랫단은 바이어스 처리한다.

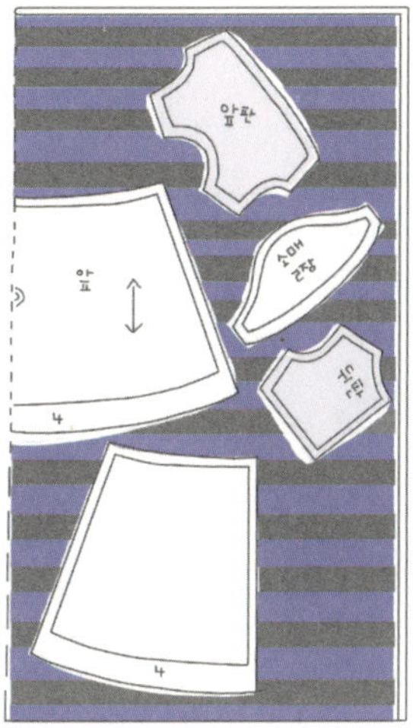

1

3

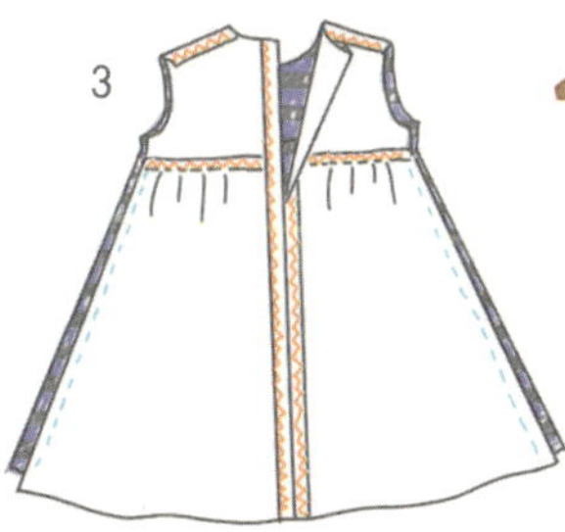

4

5

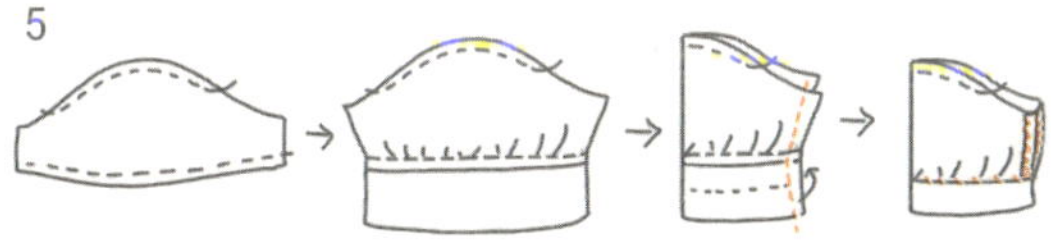

6

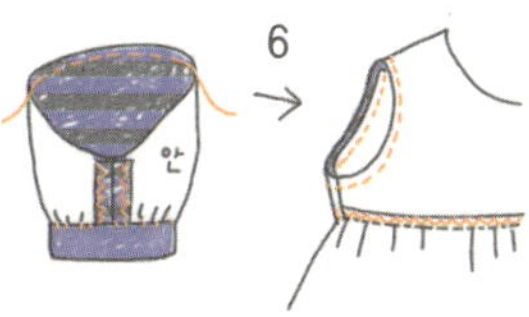

7

8

9

08 Party
→ Page 143

완성사이즈 20X10cm

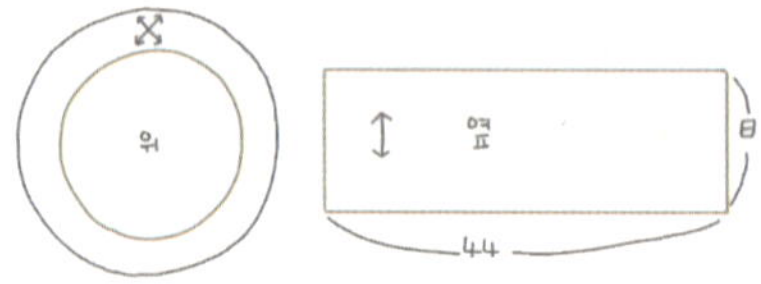

케이크 파나마 모자

재료 흰색 천, 러플리본, 망사, 구슬, 단추, 수실, 리본, 접착솜

1 윗부분에 수성펜으로 밑그림을 그리고 수를 놓는다.

2 가장자리에 러플리본을 시침핀으로 고정시킨다(위 장식 꽃들은 page186 참고).

3 윗부분과 옆부분에 접착솜을 붙인다.

4 옆부분을 반으로 접어 박음질을 한다.

5 윗부분과 옆부분을 그림처럼 연결한 후 가위집을 낸다.

6 몸통과 챙도 박음질한다(안감도 동일한 순서로 만든다).

7 겉감 속에 안감을 넣고 챙의 가장자리는 시접을 안으로 접어 넣고 공그르기로 마무리한다.

8 옆면은 리본으로 더 꾸며주고 공그르기로 끈을 달아준다.

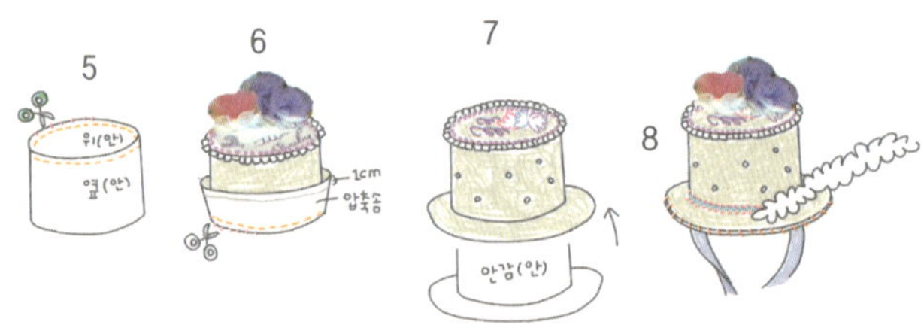

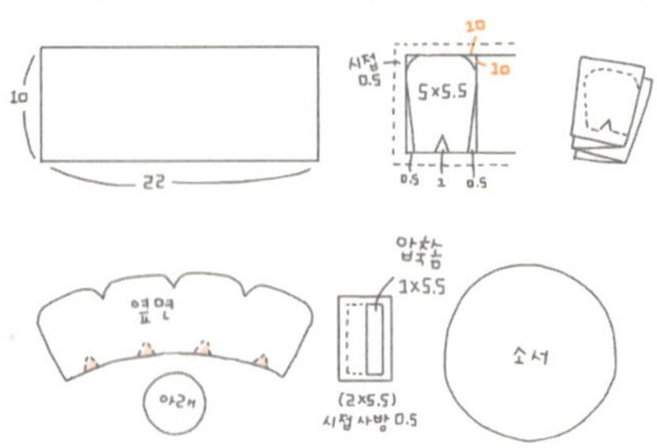

완성사이즈 11X5cm

찻잔 세트

08 Party
→ Page 146

재료 겉감(보라린넨 1/4마), 안감(프린트천 1/8마), 압축솜, 수실 약간, 구슬

[시접은 모두 0.5cm]

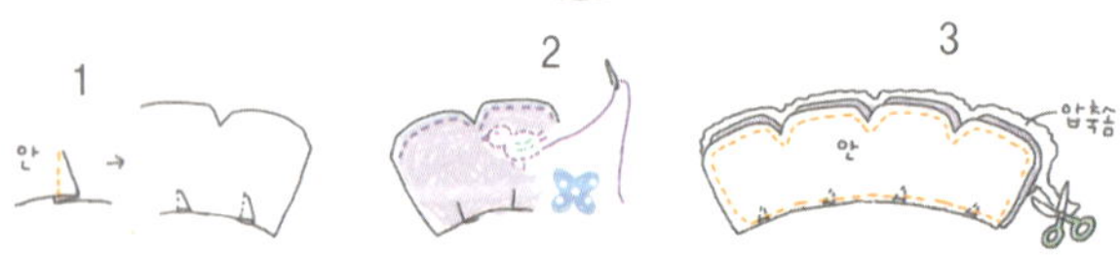

1 겉감의 시접을 접어 박는다(안감도 동일).

2 겉감의 겉에 수를 놓는다.

3 안감과 겉감의 겉을 맞댄 후 아래에 솜을 놓고 창구멍을 제외하고 박는다.

(안감 안-겉감 겉-압축솜 순서)

4 압축솜의 시접은 자르고 뒤집어서 창구멍을 공그르기한다.

5 옆면을 공그르기로 연결한다.

6 바닥도 옆면처럼 만든 후 공그르기로 연결한다.

7 손잡이는 그림처럼 시접을 안으로 접은 후 공그르기한다.

8 컵소서도 옆면과 같은 방법으로 만들고 둥근 면을 따라 가위집을 낸 후 뒤집어서 공그르기 한다.

9 찻잔에 손잡이를 공그르기로 달고 소서는 구슬로 장식해서 완성한다.

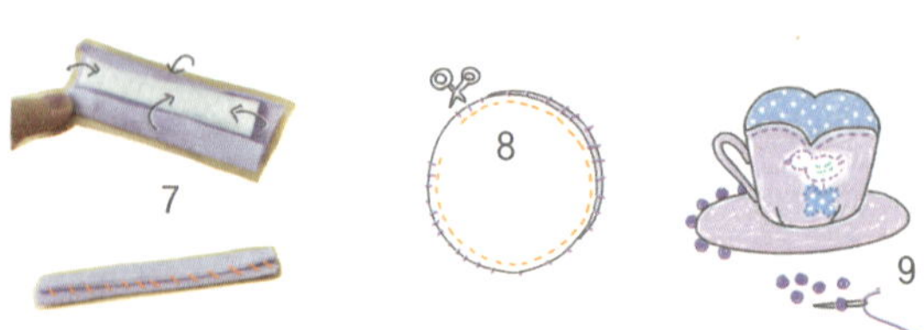

08
Party
Page 142

사이즈 12~18month

꼬마신사 돌 정장-재킷

재료 겉감(실켓트윌 스판 1마 반), 단추, 접착심지

[시접은 소맷단 4cm, 나머지는 모두 1cm]

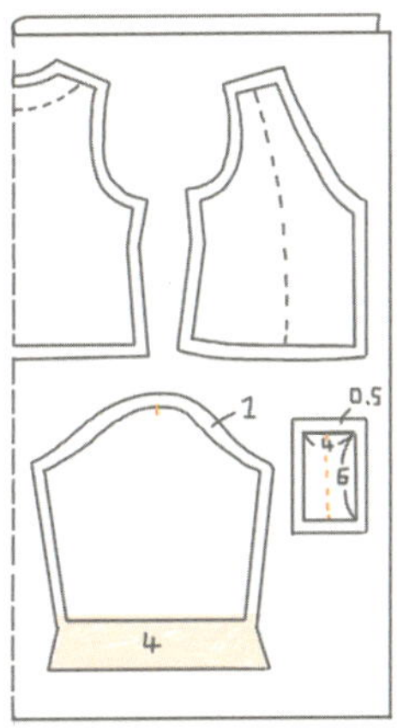

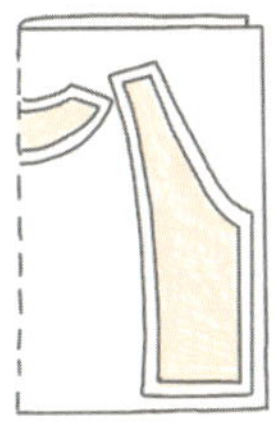

1 어깨선과 옆선을 연결한다.

2 안단의 뒤판에 아이의 이름을 수놓고 앞판과 연결한다.

3 앞판과 안단을 연결한다.

4 그림처럼 안단의 아랫단 시접을 자른다.

5 소매 옆선을 박는다. 이때 박음질 전 소맷단을 미리 한 번 접어 다린 후 옆선을 박는 것이 더 좋다.

6 옆선 시접은 오버록 후 가름솔하고 소맷단은 오버록 후 시접을 안으로 접어 공그르기한다.

7 소매와 몸판을 연결한다. 이때 소매의 어깨선에 가벼운 주름을 주는 것이 좋다.

8 그림처럼 견반을 만든 후 한쪽을 접어 어깨선에 달고 단추로 포인트를 준다.

9 앞중심선에서 0.5cm 들어간 위치에 박음질하고 알맞은 위치에 단추를 단다.

10 아랫단은 뒤집어 다린 후 공그르기해준다.

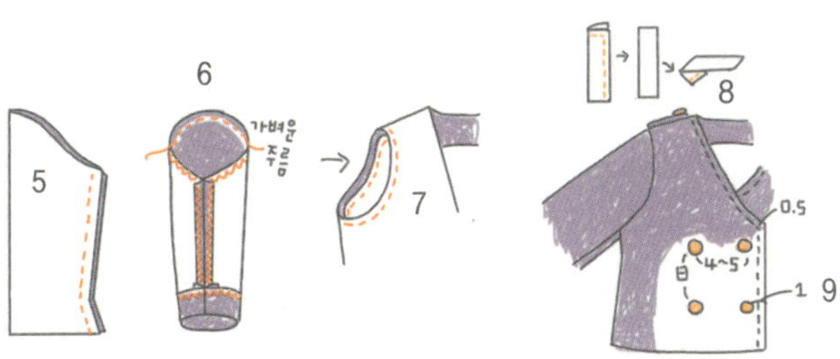

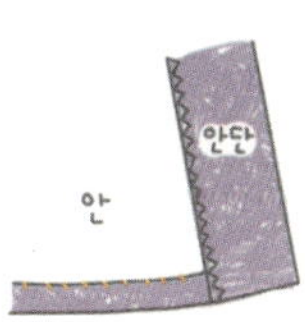

08
Party
Page 146

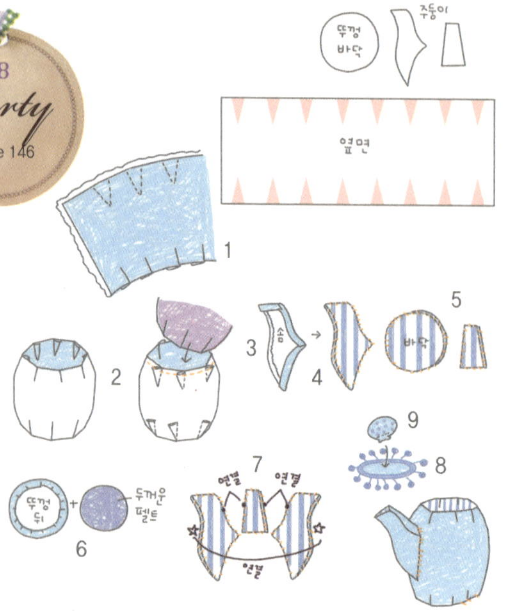

완성사이즈12X15cm

티팟

재료 겉감 1/4마, 안감 1/4마, 압축솜, 두꺼운 펠트, 폼폼 리본 [시접 0.5cm]

1 겉감의 시접을 접어 박는다(안감도 동일).

2 겉감과 안감의 겉을 맞대고 박는다. 창구멍으로 뒤집은 후 공그르기 한다.

3 주둥이는 겉감 안쪽 위에 솜을 놓고 시접은 안으로 접은 후 풀로 고정시킨다.

4 주둥이의 안감도 시접을 접어 넣어가면서 공그르기로 붙인다.

5 바닥도 동일한 방법으로 만든다.

6 뚜껑은 안감 대신 펠트를(시접 없이) 풀로 붙인다.

7 주둥이는 그림처럼 중앙과 옆면을 공그르기로 연결한 후 몸통에 붙인다(공그르기). 바닥도 동일한 방법.

8 뚜껑의 가장자리는 폼폼이를 붙여 꾸며준다.

9 뚜껑 손잡이는 겉감과 같은 소재로 둥글게 만든 후 홈질해서 잡아당긴다(안에는 솜을 넣는다).

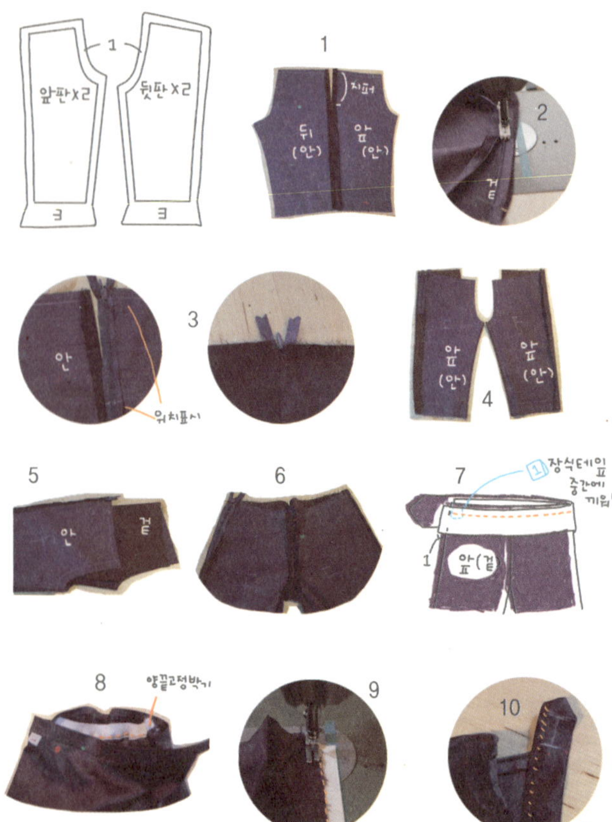

사이즈 12~18month

꼬마신사 돌 정장-팬츠

재료 겉감(실켓트윌 스판 1마), 단추, 콘실지퍼, 고무줄 20cm [시접은 아랫단 3cm, 나머지는 1cm]

1 앞판과 뒤판을 연결한다. 단 지퍼 부분은 제외한다.

2 몸판의 겉과 지퍼의 겉을 맞대고 콘실지퍼 노루발을 이용하여 먼저 한쪽에 지퍼를 단다.

3 지퍼를 올리고 다른 쪽에 초크로 정확히 위치 표시를 하고 다른 쪽의 지퍼도 박음질한다.

4 다른 한쪽도 앞판과 뒤판을 연결한다.

5 한쪽을 뒤집어 다른 한쪽에 겉끼리 마주보게 넣는다.

6 밑위의 시접을 박음질로 연결한다.

7 허리벨트를 연결한다(196p 검정팬츠 참조).

8 뒤판에 고무줄을 놓고 양끝의 시접에 고정박기한다.

9 고무줄과 뒤판 허리시접을 박음질로 고정시킨다.

10 허리벨트는 절반을 안으로 꺾고(시접은 접어 넣는다) 겉에서 박음질한다(재봉질이 서툴면 안에서 공그르기한다). 여밈 부분에 단춧구멍을 뚫고 단추를 단다.

08

Party

→ Page 144

사이즈 12~24month

티파티 드레스

재료 겉감(흰색 아일릿 원단 1마 반), 안감(흰색 항균 면 1마 반), 콘실지퍼, 실크리본, 흰 바이어스(소맷단)

[시접은 치맛단 4cm, 나머지는 모두 1cm]

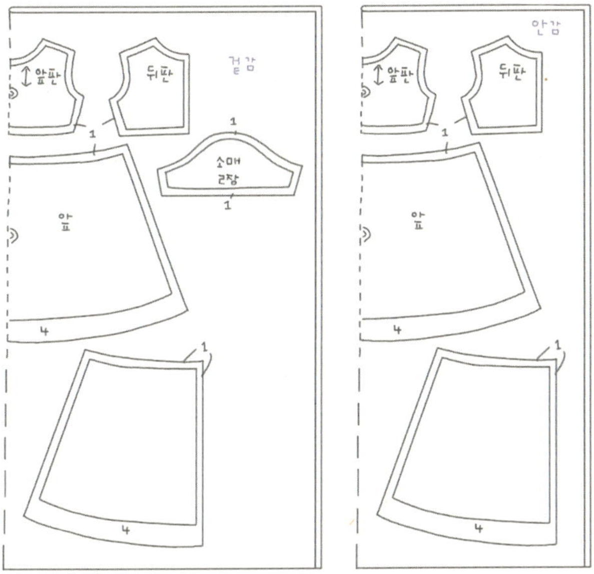

1 치마의 시접을 홈질한다(또는 재봉틀 5번 땀). 홈질해서 한쪽 끝을 잡아 당겨 주름을 만든다.

2 앞몸판과 치마의 겉끼리 맞대고 허리선을 박음질한다(시접은 오버록한 후 위로 넘긴다). 안감도 동일하게 만들어 놓는다.

3 뒷몸판도 위와 같이 만든 후 겉끼리 맞대고 어깨선을 박음질한다.

4 뒷중심에 콘실지퍼를 단다(콘실지퍼 노루발을 이용하면 편하다).

5 소매의 어깨선에도 주름을 넣는다.

6 몸판과 소매의 겉끼리 맞대고 어깨선을 박는다.

7 소매끝부터 치마끝까지 박음질한다. 겉감과 안감을 연결한다(page 203참고).

8 소맷단은 주름을 잡는다. 바이어스 처리한 후 안으로 접어 공그르기한다.

9 치마단은 두 번 접어 겉에서 박음질한다.

08
Party
→ Page 144

티파티 드레스-선보닛

[시접은 0.7cm, 몸판 시접은 1cm]

1 챙은 2장을 재단하고 한 장엔 접착심지를 붙인다.
2 챙 앞판과 뒤판 사이에 리본과 끈을 넣고 박음질한다(창구멍 약 5cm를 남겨둔다). 곡선 부분은 가위집을 낸다.
3 창구멍으로 뒤집은 후 공그르기로 막아준다.
4 몸판은 시접을 안으로 두 번 접어 홈질한다.
5 몸판을 반으로 접어 중심을 표시한 다음 그림대로 사이즈를 표시한다(오렌지색이 안으로 접히는 시접).
6 오렌지색으로 표시한 부분을 안으로 접어 2.5cm가량 박음질한다.
7 시침핀으로 표시한 다음 박음질하면 편리하다.
8 챙 겉면에 아래로부터 5cm를 표시한다.
9 챙 겉면 5cm 위에 몸판의 겉면을 놓고 박음질한다.

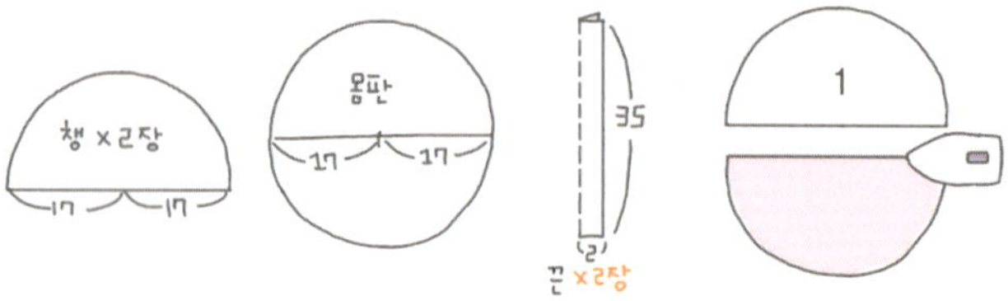

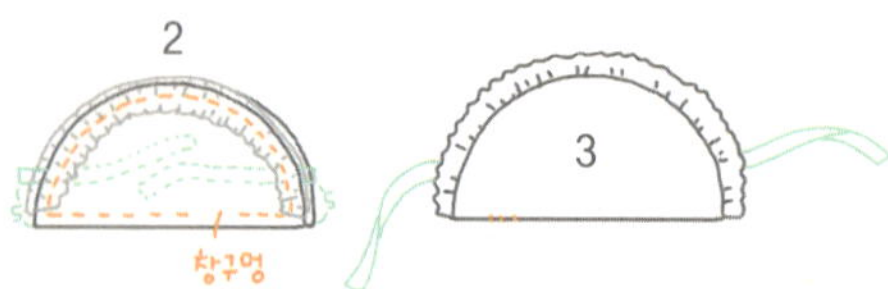

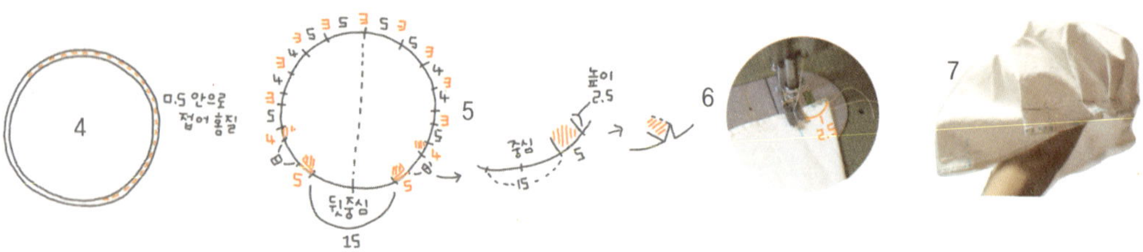

엠블럼 완성사이즈 16X23.5cm

재료 면, 압축솜, 리본, 자투리 천, 단추, 브로치 핀

1 지름 12.5cm로 천과 압축솜을 재단한 후 윗면을 자투리 천으로 꾸민다.
2 겉면 둘레를 러플리본으로 감싼 후 박음질한다.
3 박음질 선 위는 얇은 리본으로 감싸고 단추로 꾸며준다.
4 뒷면에 앞면과 같은 크기의 천을 붙인다.
5 중앙에 브로치 핀을 붙이고 아래쪽에 리본을 그림처럼 접어 감침질로 고정시킨다.

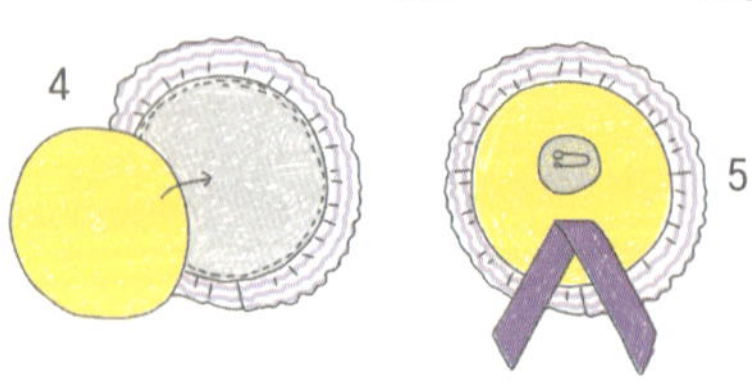

08
Party
→ Page 150

완성사이즈
언니 32X39cm,
동생 20.5X36.5cm

자매 인형

재료 오가닉 천, 펠트, 솜, 털실(노란색, 갈색), 수실, 앤티크 천(또는 빈티지 천), 스냅단추 [시접은 모두 0.7cm]

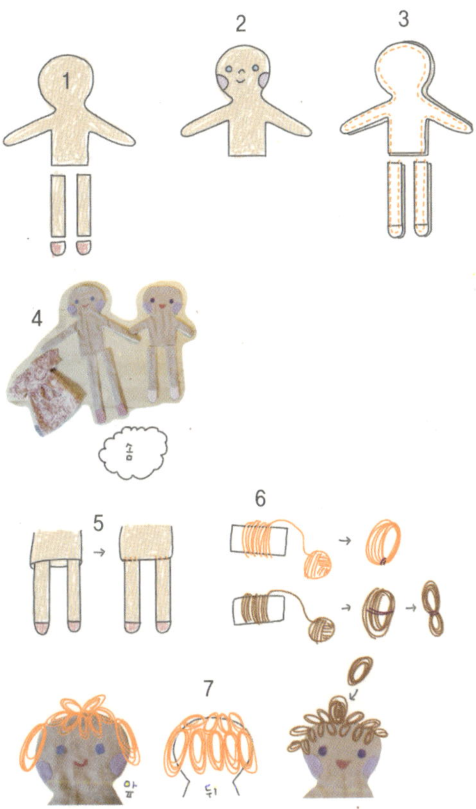

인형 몸통

1 각각 시접 0.7cm를 두고 재단한다.

2 펠트를 오려 눈과 입, 볼을 만든 뒤 눈은 얼굴에 버튼홀 스티치로 연결하고 볼은 공그르기한다. 코는 실로 수를 놓는다.

3 몸통과 다리 각각 겉면끼리 맞대고 박음질한 후 뒤집는다.

4 솜을 넣는다. 얼굴은 빵빵하게, 몸은 적당히 말랑말랑하게 넣는다.

5 몸통에 다리를 넣고 위에서 공그르기한다.

6 두꺼운 종이에 털실을 감고 풀리지 않게 살짝 묶는다.

7 털실을 인형 머리 윗부분에 손바느질로 고정시킨다(실이 빠지지 않게 한 곳을 세 번씩 홈질).

인형 옷

1 허리 부분을 홈질한 후 한쪽에서 잡아당겨 주름을 만든다.

2 윗부분과 치마의 겉끼리 맞대고 허리선을 박음질로 연결한다.

3 뒷부분도 동일하게 만든 후 어깨선을 연결한다.

4 소매선과 옆선을 이어서 박음질한다. 뒷중심선은 두 번 접어 홈질한다.

5 목선, 소맷단, 아랫단도 두 번 접어 홈질한다.

6 뒷중심선에 스냅단추를 단다.

thanks to

Model
Dain(adult), Minso(girl),
Minyu(baby), Seojin(baby),
Yeojin(baby), Jiwoo(baby)

한립토이뮤지엄
Hanliptoymuseum.co.kr

보빈느퀼트
Bobine.co.kr

아모레퍼시픽 이니스프리
Innisfree.co.kr

드라마퀸
Dramaqueen.co.kr

비터스윗나인
Bittersweet9.com

슈가하우스
Sugarhouse.co.kr

녹다
NOCDA.com

초판 1쇄 발행 2011년 06월 01일
지은이 _ 조인숙
손글씨 _ 김민소
편집 _ 손영미

펴낸곳 _ 버튼티
등록번호 _ 제313_2010_134호 **등록날짜**_ 2010년 05월 11일
주소 _ 서울특별시 마포구 동교동 198_8번지 301호
전화 _ 02 338 8130
판매가 _ 15,400원
ISBN _ 978_89_964525_1_5